CUATRO ENTREVISTAS

Editorial Gustavo Gili, SL
Via Laietana 47, 2.º, 08003 Barcelona, España. Tel. (+34) 93 3228161
Valle de Bravo 21, 53050 Naucalpan, México. Tel. (+52) 55 55 60 60 11

JANE JACOBS
CUATRO ENTREVISTAS

TRADUCCIÓN DE MARÍA SERRANO

GG®

Título original: Jane Jacobs. *The Last Interview and Other Conversations*, publicado por Melville House Publishing, Nueva York/Londres, 2016.

Ilustración de la cubierta: RafamateoStudio

Cualquier forma de reproducción, distribución, comunicación pública o transformación de esta obra solo puede ser realizada con la autorización de sus titulares, salvo excepción prevista por la ley. Diríjase a CEDRO (Centro Español de Derechos Reprográficos, www.cedro.org) si necesita fotocopiar o escanear algún fragmento de esta obra.

La Editorial no se pronuncia ni expresa ni implícitamente respecto a la exactitud de la información contenida en este libro, razón por la cual no puede asumir ningún tipo de responsabilidad en caso de error u omisión.

© Melville House Publishing, 2016
© de la traducción: María Serrano
y para esta edición:
© Editorial Gustavo Gili, SL, Barcelona, 2019
Publicado con la autorización de Melville House Publishing a través de International Editors' Co, Barcelona.

Printed in Spain
ISBN: 978-84-252-3206-0
Depósito legal: B. 8031-2019
Impresión: agpograf impressors, Barcelona

ÍNDICE

   7   **JANE JACOBS, PERTURBADORA DE LA PAZ**
           1962

 29   **ASÍ DESTRUIRÁ NUEVA YORK LA WESTWAY**
           1978

 59   **LA MADRINA DE LAS CIUDADES**
           2001

117   **LA ÚLTIMA ENTREVISTA**
           2005

143   ORIGEN DE LAS ENTREVISTAS

JANE JACOBS, PERTURBADORA DE LA PAZ

1962

ENTREVISTA REALIZADA POR
EVE AUCHINCLOSS Y NANCY LYNCH

Jane Jacobs, antigua editora adjunta de *Architectural Forum*, es la autora de un encendido ataque a los dogmas de la reurbanización urbana titulado *Muerte y vida de las grandes ciudades*.[1] Desde su publicación en 1961, ha sido un libro muy comentado y debatido. En general, los urbanistas se han mostrado enormemente críticos con él, pero todos aquellos que albergan la sensación de que nuestras ciudades se están deshumanizando progresivamente han reaccionado con entusiasmo a sus ideas frescas e imaginativas. Jacobs cree que la diversidad es la fuente de la vitalidad urbana, y que esta se consigue mediante la combinación de viviendas, comercios e industria, de edificios antiguos y nuevos, de ricos y pobres, de calles concurridas con pequeños bloques y una abundancia de personas viviendo juntas. Independientemente de la opinión que les merezcan sus ideas, todo el mundo está de acuerdo en que Jacobs ha empezado algo nuevo. Por primera vez en generaciones, comienzan a discutirse ideas nuevas sobre qué es lo que hace que una ciudad funcione, que incluso empiezan a aplicarse de forma tentativa. Esta es la novena entrevista de la serie "Perturbadores de la paz" de la revista *Mademoiselle*.

---

1 Jacobs, Jane, *Death and Life of Great American Cities*, Random House, Nueva York, 1961 (versión castellana: *Muerte y vida de las grandes ciudades*, Capitán Swing, Madrid, 2011) [N. del Ed.].

Si las ciudades han de ayudarnos a vivir bien, ¿cómo deberían ser?
Deberían ser lugares muy fértiles en términos económicos y sociales para poder acoger los planes de miles, de decenas de miles de personas.

¿Cree que una ciudad adecuada puede llevarnos a tener una vida creativa?
Puede hacerlo, en el sentido de que las grandes ciudades ofrecen la gama más amplia de oportunidades para la gente con proyectos inusuales o ideas nuevas. Para sostener un tipo de actividad comercial o cultural que no sea algo absolutamente estandarizado, se necesita una gran ciudad. Si lo que tenemos son grandes ciudades incapaces de ofrecer servicios, nos estamos perdiendo sus ventajas más importantes. ¿Qué interés tiene quedarse con las desventajas —y vaya si las hay— sin ninguna de las ventajas?

Pero pensemos en la absurda forma de especialización que tenemos. Por ejemplo, en Nueva York toda la escena artística se ha concentrado en dos o tres museos en lugar de descentralizarse. El Whitney estaba en el sur de Manhattan, pero ahora no es más que un anexo del Museum of Modern Art.

La idea de aglomerar por la vía de la oficialización todas las cosas del mismo tipo es ridícula. Estoy convencida de que ahora la gente visita el Whitney porque se les ocurre la idea una vez están allí. Cuando el Whitney tenía su espacio propio, la gente iba expresamente a ver lo que había.

¿Cómo podría revertirse este proceso?

Esto no es algo que ocurra de forma inevitable. Toda esta segregación responde a una disposición deliberada, como la de los museos gigantescos, los proyectos tipo Lincoln Center y los proyectos de viviendas. Se ha producido una extraordinaria ampliación de poderes de gobierno para posibilitar la existencia de esas islas de un solo uso, porque se creía que esa era la forma correcta de organizar las ciudades. Pero no es solo cuestión de revertir este proceso, pues la simple falta de planeamiento no es suficiente. Tenemos tantas áreas malas sin planeamiento como con él. El cambio se producirá —porque creo que así será— si primero entendemos el problema de qué es una ciudad y después cambiamos los métodos para abordarla. Sin embargo, antes de todo eso hay otro paso, y puede que esto que voy a decir suene negativo: creo que no vamos a ver que las cosas empiezan a hacerse de otra forma, mejor, hasta que la resistencia ciudadana imposibilite, o convierta en algo demasiado frustrante, la posibilidad de seguir haciendo las cosas como hasta ahora.

¿Cómo de mal tendrán que ponerse las cosas antes de que empiece la revuelta?
Yo creo que ya ha empezado, y no solo en Nueva York, sino también en muchas otras grandes ciudades: Chicago, Cleveland, Filadelfia, Boston... No hay razón por la que no podamos empezar a mejorar las cosas ya mismo. Sin embargo, lo que no creo de ningún modo es que debamos limitarnos a abandonar los métodos actuales y que consideremos que eso ya supone un avance. Eso brinda únicamente la oportunidad de empezar a hacer las cosas de forma distinta y mejor.

¿Qué peso tiene el problema del transporte en la muerte de las grandes ciudades?
Es muy importante, pero no es la causa de nuestro problema. Independientemente de que los coches existan o no, el tipo de planeamiento urbanístico a gran escala que se ha estado implementando seguiría siendo una forma malísima de planeamiento.

¿Y el automóvil es solo una excusa para esta forma de planeamiento?
Sí, una de las excusas, no una razón.

¿Y qué le parece la idea de prohibir el vehículo privado en las ciudades?
Es un enfoque bastante negativo. Creo que la gente recela bastante de esas estrategias que, a cambio de algo, no les ofrecen nada. Deberíamos acabar con los coches, pero en términos positivos. Lo que necesitamos son más cosas que entren en conflicto con todo lo que requiere el automóvil: aceras más anchas, más espacio arbolado, incluso dobles hileras de árboles en algunas aceras, calles que estén cerradas no al tránsito de peatones, sino al de automóviles, una mayor frecuencia de lugares habilitados para que las personas crucen la calle, más semáforos. Todos estos elementos resultan abominables para los automóviles, pero para los peatones son una bendición. Y, finalmente, deberíamos tener un mejor servicio de transporte público.

¿Convertir los aparcamientos en superficie en pistas de patinaje?
Sí. Estamos continuamente sacrificando todo tipo de servicios en favor de los automóviles. Creo que podríamos reducir su número cediendo la calzada a otras necesidades que tenemos. Se trata de un cambio de valores.

¿De verdad le parece que las grandes ciudades, con todo el ruido, la suciedad y los malos olores, son espacios habitables?
Hay partes de ellas que son muy habitables, pero no son necesariamente las que están más de moda. Green-

wich Village es un lugar muy habitable, y la demanda actual de barrios urbanos animados donde resulte interesante vivir y con calles que sean seguras es mucho mayor que la oferta.

¿De verdad se pueden planificar más zonas a imagen de Greenwich Village?
Sin duda, lo deseable no sería reproducir el Greenwich Village, pero sí que los mismos principios que funcionan aquí operen también en otros lugares, lo cual es algo que ya ocurre; la combinación de edificios residenciales, comerciales, culturales e industriales en un mismo barrio, la mezcla de edificios antiguos y nuevos, las manzanas pequeñas. Cuando en mi libro describo el barrio donde vivo, en realidad lo que describo es un tipo de lugar urbano bastante corriente. Sus valores no dependen de un grupo étnico particular ni de un elevado nivel de ingresos. Hay personas de ciudades de todo el país que me han dicho que lo que he descrito es el tipo de lugar en el que viven. Se me ha achacado tener una perspectiva bohemia, o de clase obrera. No sé cuál es el enfoque de clase que tengo, pero lo que he descrito es la vida urbana, y esto lo ha reconocido muchísima gente que vive en ciudades. Creo que quienes dicen que mi descripción se corresponde con un tipo de lugar particular —que quizás sí merece la pena proteger, pero que no tiene nada que ver con las ciudades en general—, simplemente no han experimentado nunca la vida urbana en primera persona. O no están queriendo verlo.

¿Cómo acabó eligiendo este lugar para vivir?
Puede ocurrir que una zona esté degradada, como lo estaba esta, pero que aun así un tipo de persona determinada sea capaz de percibir su atmósfera social general, la cual puede ser esperanzadora y sana. Si conforma una comunidad, si es estable, si la gente está arraigada, pues ahí tienes un lugar habitable. La gente debería prestar más atención a su instinto. Todos tenemos un sentido intuitivo de lo que está bien y es cómodo y agradable. Cuando la gente me habla de mi libro, a menudo me dicen: "Siempre he pensado eso acerca de los bloques de vivienda social en los que vivo, pero como se suponía que eran algo bueno para nosotros, nunca me he atrevido a decirlo". Cuando muchos expertos afirman una misma cosa, entonces la gente deja de confiar en sí misma. Esto es un error. Al fin y al cabo, cualquiera que viva en una ciudad puede ser un experto en ciudades.

¿Y qué hay de los urbanistas que creen que los expertos son ellos? ¿Cómo se han formado?
Hay bastantes a los que no les fue bien en la Escuela de Arquitectura y se cambiaron a la de Urbanismo. El urbanismo es un tipo de profesión que permite escalar socialmente. Atrae a una clase de personas que quieren dedicarse a algo que tiene un aura profesional, pero que no presenta un nivel de exigencia muy elevado, ni sus estudios ni su práctica. Todas las ciudades tienen su Departamento de Urbanismo, además de un montón de oficinas de vivienda y rehabilitación, y no

es difícil encontrar trabajo. Mirad, es interesante ver lo diferentes que son las cartas que recibo de arquitectos y las de urbanistas. Los arquitectos suelen escribirme acerca de cuestiones que tienen que ver con el tema de mi libro, sobre cómo funcionan las ciudades. Independientemente de que estén de acuerdo o no, me hablan de ello. Aún no he recibido ni una sola carta de un urbanista que hable sobre la ciudad; me hablan sobre planeamiento en términos abstractos. Están obsesionados con el profesionalismo. Es como si fueran médicos que hablan de la profesión médica, pero que no tienen interés alguno en el cuerpo humano.

¿Cuál es el origen de esta profesión?
Comenzó en un momento en el que las ciudades estadounidenses carecían de departamentos de planeamiento urbano, y creo que atrajo a un tipo de personas a las que no les gusta especialmente ver aquello que hacen plasmado en acciones reales. Se desarrolló todo un corpus dogmático, generaciones enteras de profesores que nunca llegaron a aplicar nada en la práctica. Es un tanto extraño que a alguien le guste dedicarse a un tipo de proyectos con los que nunca ocurre nada. De pronto, en la década de 1930, a esa gente se le presentó la oportunidad de obtener resultados concretos. Quizás no era lo que deseaban, pero, al fin y al cabo, todos esos proyectos de vivienda social han sido *planificados por alguien*.

¿Pensar a gran escala no es uno de los problemas principales del planeamiento urbano?

Sí, ese afán de grandiosidad es inherente a la ortodoxia del dogma del urbanismo, y es algo bastante simplista. No se puede crear tejido en una ciudad viva así como así, de un plumazo, sino que las cosas tienen que ir creciendo. El tipo de planeamiento urbano que funcionaría de verdad sería una especie de improvisación inteligente y documentada, que es, al fin y al cabo, en lo que consiste en gran medida nuestra planificación vital. Todos los planes —los de las empresas, o los de la educación de tus hijos, lo que sea— se hacen así, tanteando sobre la marcha. La Urban Renewal,[2] en particular, es una forma de planeamiento muy peculiar. La idea de estimular de golpe toda una zona no tiene nada que ver ni con la vida real ni con el crecimiento. También existe ese ideal de hacer las cosas perfectas de entrada y dejarlas así para siempre, y esto es una especie de muerte. Se hacen sacrificios enormes en pro del planeamiento urbano y casi todos ellos se consideran una justificación, una prueba de que si se produce un desarraigo de tantas personas y empresas, sin duda ahí *debe de haber* progreso. Los urbanistas siempre dicen que no se puede hacer una

---

2   La Urban Renewal (renovación urbana) alcanzó su punto álgido entre finales de la década de 1940 e inicios de la de 1970. Aunque en su origen se centró en el desarrollo de barrios residenciales y zonas comerciales, tuvo un efecto enorme en el paisaje estadounidense y a menudo produjo como resultado un gran esparcimiento urbano (*sprawl*), así como la destrucción de barrios socialmente consolidados [N. del Ed.].

tortilla sin romper los huevos. ¡Pero están hablando de personas, no de huevos! Si el planeamiento sirve para ayudar a la gente, este debería mejorar las cosas, no empeorarlas. Existe esta idea de que hay determinados grupos de población que deben ser sacrificados por el bien común, pero nadie termina de definir qué es este bien común. Y en realidad está compuesto, claro está, de muchos bienes más pequeños. No está reñido con el bien de las personas en concreto.

Al igual que usted critica a los urbanistas de la ciudad jardín, se la ha criticado por defender que un entorno favorable puede determinar los valores y las formas de vida. En su caso este entorno serían unas calles llenas de vida, mientras que, en el de los defensores de la ciudad jardín, serían los árboles y el césped. ¿No se trata en ambos casos de un determinismo físico?
Aquí hay una diferencia que se explica mejor con una analogía. Supongamos que estás proyectando una sala de reuniones; diseñarla es algo muy diferente a determinar lo que va a decidirse en esas reuniones. La sociedad es una reunión inacabable, donde a la gente se la puede escuchar o ver, y donde pueden suceder cosas. Pero lo que se decide en la reunión está fuera del alcance del proyectista, salvo en la medida en que él mismo es un miembro más de la sociedad. Los urbanistas de la ciudad jardín decretaron lo que debía decidirse en la reunión, cómo debía ser la vida de la gente, lo que era bueno para ella y lo que no, y esto es algo que ocurre con todo pensamiento utópico.

Bueno, quienes iniciaron la Revolución Francesa debían tener una idea de cómo tenía que ser la reunión.
La acción política tiene todo que ver con cómo debe salir la reunión, pero es algo muy distinto del diseño físico. Creo que las ciudades llenas de vida en las que la sociedad puede funcionar con intensidad permiten que de estas reuniones surjan decisiones muy fértiles e ingeniosas. Pero si la gente está aislada, fragmentada, si una clase con un determinado nivel de renta está separada de otras clases con otros niveles de renta distintos, la reunión, simplemente, no se produce. Si no se juntan diferentes tipos de talento, si no conviven los distintos tipos de ideas, si el dinero necesario no llega nunca asociado a la visión necesaria, esa reunión no se produce.

Entonces, ¿no se producen reuniones en las zonas suburbanas?
Las zonas suburbanas son lugares perfectamente válidos para quien quiera vivir en ellas, pero, desde el punto de vista económico y social, son espacios inherentemente parasitarios, pues viven de las soluciones halladas en las ciudades. Sin embargo, no le echo la culpa solo a los urbanistas, sino que implícitamente culpo a quienes saben que las cosas se están haciendo mal y no tienen la suficiente confianza en sí mismos como para actuar en calidad de ciudadanos de un país con capacidad de autogobierno. Es terrible cómo hemos abdicado de la responsabilidad de ser ciudadanos.

Y si la gente crece con tal sentimiento de impotencia hacia el uso de su propia mente, ¿no será porque algo falla en las escuelas?
Si fuera directora de un colegio, pondría unos deberes permanentes desde el primer hasta el último curso: todas las semanas, cada niño tendría que traer una cosa dicha por una figura de autoridad —podría ser el profesor, o alguna cosa que hayan visto en el periódico, pero algo con lo que no estén de acuerdo— y refutarlo.

Pero quizás la gente se deja mangonear por estos grandes planes porque ha dejado de tener acceso a sus verdaderos sentimientos. Hoy en día todo es tan complicado...
En realidad no se dejan. En Boston se está rehabilitando una parte del West End, y la Facultad de Medicina de la Harvard University y el Hospital General de Massachusetts se han unido en un proyecto de investigación para analizar aspectos de salud mental asociados a la Urban Renewal. Uno de sus informes lleva el título de "Duelo por un barrio perdido". Dicen que hace mucho tiempo que saben, basándose en la reacción de la gente a la Urban Renewal desde el momento en que esta los afecta, que se trata de un proceso muy perturbador que genera malestar, y acto seguido afirman que, pese a que estaban dispuestos a reevaluar estos descubrimientos previos, les ha sorprendido descubrir que la respuesta de la mayor parte de esa gente solo puede calificarse de *duelo*, un sentimiento de dolorosa pérdida y de añoranza que a veces resulta abruma-

dor. Esto se produce dos años después de su traslado forzoso. Veréis, el hogar no es simplemente un edificio: es un territorio, toda la conexión que existe entre tú y otras personas y lugares. Claro que las personas *albergan* sentimientos, y los manifiestan de todas las formas que pueden, incluso cuando se las trata a patadas. Sin embargo, se sienten intimidadas por una serie de expertos que les dicen que eso que sienten es producto de su ignorancia y su egoísmo, y por desgracia se lo creen, y se creen incluso que en su duelo hay algo de lo que avergonzarse.

El tipo de edificios de viviendas que se están construyendo en la actualidad, incluidos las de lujo, no parece que estén funcionando. La gente sigue marchándose a pesar de la escasez de vivienda.
Por ahí es por donde empecé a interesarme en todo este asunto. Escribí, antes de que se construyeran, sobre las urbanizaciones de bloques de vivienda social, por cuyos senderos supuestamente la gente pasearía, pues había dibujos que mostraban lo maravilloso que iba a ser todo. Pero después vi algunos de ellos ya construidos y no se estaban utilizando de esa manera. Me pareció interesante, y traté de hablar del tema con los urbanistas, pero no mostraron el más mínimo interés y se limitaron a echar la culpa a la gente. Me parecía extraño que no sintieran ninguna curiosidad por averiguar qué había salido mal.

¿Llegó a hablar con la gente que vivía en aquellas urbanizaciones?
Sí, muchos estaban allí porque, como ellos mismos decían, les habían "tirado abajo" sus antiguos hogares. Y, claro, el nivel de resentimiento era alto, lo que produce una tasa de rotación exorbitante. Los edificios de lujo no son, en esencia, muy distintos de los bloques de vivienda social. A la gente no le gustan. No es una cuestión de clase alta o baja, se trata simplemente de que a la gente el viejo edificio de apartamentos o de piedra rojiza le resultaba más acogedor, y está dispuesta a pagar más por ello. No es que le gusten especialmente las cosas viejas y deterioradas ni que tenga debilidad por el pasado; es solo que son lugares mejores para vivir. Y toda esta planificación de edificios enormes no ha hecho más que aumentar la escasez de vivienda.

Desde luego, esto ha producido un tipo de vivienda no apto para familias.
Sí, pero en Nueva York ha producido además una disminución en el número de viviendas. Y también debemos cuantificar el tiempo que ese suelo permanece desocupado durante las fases de demolición y construcción. Si dejáramos de construir *urbanizaciones* de bloques viviendas y empezáramos a construir *edificios*, podríamos dar solución a esta escasez de vivienda mucho más rápidamente, con un índice mucho menor de desplazamiento de la gente, sin destruir los barrios y aumentando la densidad allí donde sea necesario.

¿Y qué le parece la idea de que, aunque a nadie le gusten esos bloques de vivienda social, en términos de economía estadounidense sean la única solución viable?
Bueno, seguro que es la única solución viable si te empeñas por todos los medios en que sea la única forma en que se pueden hacer las cosas. Pero esto no se lleva a cabo sin que medien cuantiosas subvenciones y enormes poderes de expropiación. El proceso no tiene nada de espontáneo ni de inevitable. Su desarrollo llevó años, y se basa en la premisa de que las ciudades no son buenos lugares para vivir. Pensemos en un ser humano; sabemos qué aspecto tiene uno sano, pero a lo largo de la historia ha habido períodos en los que el ideal eran humanos poco saludables. Los pies vendados en China, por ejemplo, o las modelos del mundo de la moda; cualquiera se preocuparía si sus hijos tuvieran ese aspecto.

¿Cuánto crees que tiene que ver el tipo de arquitectura que se ha puesto de moda con las dolencias de las ciudades?
Hoy la arquitectura está en bastante mala forma. Está siendo objeto de críticas contradictorias y su rechazo no es solo cosa de gente inculta. Quienes se muestran *más* reacios al tipo de arquitectura que solemos ver hoy son los escritores, los artistas, los poetas. El pueblo es profético y los arquitectos deberían estar muy preocupados, y responden que se les está echando la culpa de decisiones que no son suyas, que son producto de la zonificación o de la legislación. Sin embar-

go, ellos mismos han conspirado para verse atrapados con estas decisiones, y no están abriendo vías para corregirlas. Han perdido la cabeza por la novedad y las cosas despampanantes, vulgares y terriblemente ególatras, en gran parte porque tampoco saben qué otra cosa hacer.

¿Qué quiere decir?
Si su estética se basara en la función, en cómo funcionan las cosas, no tendrían necesidad de recurrir al efectismo, la novedad o la exageración grotesca. El edificio del Chase Manhattan Bank ha arruinado la silueta urbana del sur de Manhattan. Esto es algo increíblemente egoísta e insensible para un edificio, y quienes están haciendo este tipo de cosas no son solo arquitectos de tres al cuarto.

¿Y por qué este egoísmo? ¿No tienen nada genuino que expresar?
En parte se trata de no tener suficiente respeto por la función. La función, que se supone que es la base de la arquitectura moderna, ha adoptado, casi de forma inadvertida, un sentido muy distinto del que tenía en un principio. Entonces, "función" se refería a cómo se utiliza un edificio. Sobre esta base, Frank Lloyd Wright revolucionó la casa, y Perkins+Will revolucionaron la escuela primaria. Diversos edificios se repensaron de verdad en esos términos, pero ahora la función ha llegado a considerarse no en términos de uso de un edificio, sino de función de la estructura en sí y de la

función de los materiales, de modo que la arquitectura con A mayúscula ha ido interesándose cada vez más por sí misma y menos por el mundo que le da uso. Y así hemos llegado a expresiones como *espacio universal*, grandes superficies diáfanas que en realidad son solo una excusa para el empleo de cerchas vistosas. En realidad, esos espacios funcionan muy mal para casi cualquier uso que no sea el de un gran auditorio. En términos de función entendida en su sentido antiguo, uno de los espacios más "universales" es el viejo edificio de piedra rojiza. Fijaos en la cantidad de usos distintos que se le puede dar: viviendas, comercios, escuelas, oficinas, y ninguno de esos usos exige más que una mínima transformación, porque la combinación de habitaciones grandes y pequeñas es extraordinariamente adaptable. Cuando la arquitectura deja de interesarse por su uso y por el mundo que le da uso, y empieza a interesarse más por sí misma, se vuelve narcisista. Y como todas las cosas que se van alejando de su verdad, empieza a verse en la necesidad de darse aires y de decir cosas abrumadoras sobre sí misma, porque no tiene otra cosa de la que hablar.

Y en lugar de dignificar a la gente, ¿los arquitectos pretenden únicamente fascinarla?
Sí, y hay que decir que las revistas de arquitectura lo han fomentado, en gran parte porque los edificios nuevos permiten hacer fotografías inusuales y fascinantes. En mi opinión, la enorme popularidad de la arquitectura de fachadas de Mies van der Rohe se debe,

en gran medida, a lo bien que quedan sus edificios en las fotografías.

¿Y Frank Lloyd Wright?
Sus edificios no son fáciles de fotografiar. A mí siempre me parece que vistos *in situ* son mejores y más estimulantes que en fotos, y por ello nunca nadie lo ha imitado con éxito, pues para él la arquitectura no era solo algo visual. Repensó de verdad las cosas en términos de función. Sin embargo, esta actual falta de atención a la función no es un mal exclusivo de la arquitectura o del urbanismo. Parece que la gente ha dejado de saber cómo funcionan las cosas. Hay todo tipo de diseños idealizados que ignoran para qué sirven los objetos, o que ocultan lo que hacen y cómo lo hacen. Es como lo de aquellas locomotoras que se veían antes, que tenían las ruedas y todos sus mecanismos a la vista. Se las cubrió con un faldón que ocultara lo más posible. Gran parte de lo que hoy llamamos diseño en realidad es ocultación.

¿Por qué?
No lo sé. Es curioso, se supone que somos un país casi puritano en lo que se refiere al trabajo. Supuestamente no creemos que el trabajo sea algo deshonroso, casi que lo glorificamos. Sin embargo, nos mostramos muy ambivalentes respecto a él. Eso sí, tampoco idealizo las épocas anteriores a las mejoras modernas. Creo que la vida de las mujeres tuvo que consistir entonces en el trabajo más pesado y espantoso, pero debo decir

que, cuando veo las casas antiguas, creo que hemos perdido algo. Se ve clarísimo que las cocinas y los lavaderos estaban pensados para que trabajaran juntas varias personas. Hoy hacemos un montón de labores rutinarias y solitarias, y no es ni de lejos tan divertido como trabajar en compañía. Así que tenemos que encender la radio.

¿Cuál cree que será el futuro de la Urban Renewal?
Creo que está agonizando en manos de sus propias vergüenzas y fiascos.

¿Alguna vez se ha hecho balance de sus éxitos y fracasos?
No, no lo creo. Hace poco estuve en la televisión hablando con un urbanista del Estado de Nueva York que explicaba lo excelsa y fundamental que era la Urban Renewal. Y le dije: "Dígame un proyecto de Urban Renewal que de verdad haya funcionado bien". Se quedó un rato pensando y finalmente me habló de un proyecto que aún no existe, que es solo un plan. Le respondí: "No, los planes están siempre llenos de personas que se comportan como uno quiere, eso es lo que tienen los planes. Dígame un proyecto que esté construido. A día de hoy, ya hay muchas cosas construidas". No fue capaz.

Parece creer que los urbanistas odian las ciudades, ¿cuál es el motivo?
No lo sé. Hay mucha gente que odia la ciudad, pero tratar de hacer recetas para cosas que odias es muy mala política. Algunos de ellos hablan maravillas de muchas cualidades urbanas que tienen que ver con la vivacidad, la diversidad y la conexión entre distintas clases de personas, pero en realidad no tienen ningún interés en saber cómo funcionan las cosas. Siguen dedicándose a ordenar arbitrariamente cómo deberían ser las cosas: cuántos habitantes por hectárea, qué cantidad de espacios abiertos, etc. Es un pensamiento ilusorio. Igual que esos planes en los que, puesto que has colocado un sendero, se supone que la gente debe usarlo para pasear, y si construyes un centro comercial, la gente va a ir a comprar allí. No, estoy de acuerdo con C. P. Snow en que es enormemente importante entender cómo funcionan las cosas, especialmente si te vas a poner a toquetearlas. ¿Por qué la gente utiliza determinados senderos? ¿Por qué están aquí y no allí? ¿Por qué un comercio funciona bien o es un fracaso económico? Si no respetas cosas como esas, solo estás hablando por hablar, proyectando simplemente una ilusión.

ASÍ DESTRUIRÁ NUEVA YORK LA WESTWAY

1978

ENTREVISTA REALIZADA POR
ROBERTA BRANDES GRATZ

La audacia del plan dejaría sin duda deslumbrada a Dorothy del *Mago de Oz* y a cualquier otra persona nacida en Kansas: un verdadero camino de baldosas de oro, a unos 170.000 dólares el metro lineal, que se extenderá a lo largo de casi siete kilómetros por el Lower West Side de Manhattan, un túnel de seis carriles construido prácticamente en su totalidad sobre un vertedero cubierto de tierra, desde la Battery hasta la calle 42, y que reemplazará los muelles hasta la calle 34. Esta carretera de más de mil millones de dólares vendrá, con toda probabilidad, a remplazar a una parte considerable de la economía del bajo Manhattan, como el mercado de carne Gansevoort, en la calle 14, que da empleo directo a 4.500 personas y en parte también da empleo a otros 3.500 trabajadores en los cafés, bares, restaurantes y mercados circundantes, donde se da servicio a los empleados del mercado. Además, la especulación inmobiliaria y las fantasías rehabilitadoras de los urbanistas, por no hablar de lo disruptivo del proceso de construcción, sin duda expulsarán a aún más comercios de entre aquellos que hoy sobreviven en el Lower West Side por la única razón de que allí los alquileres son más bajos.

Será toda una década de disrupción planificada, que creará puestos de trabajo en Nueva Jersey, Pensilvania y Connecticut (pero muy pocos aquí, en Nueva York) y que, a su paso, dejará ese tipo de comunidades insulares e inhóspitas de torres de viviendas que tanto les gustan a los urbanistas... Jane Jacobs, ¿dónde estás?

La encontramos en Toronto, Canadá. La principal crítica estadounidense del urbanismo insensato ha abandonado el país.

Jane Jacobs es miembro de un grupo de autores muy selecto. Ocurre solo muy de tarde en tarde que un libro popular cause un impacto tan profundo como para dejar perceptible y permanentemente alterados los conocimientos convencionales que rigen en un ámbito determinado, y el club de los escritores contemporáneos cuyos libros han alterado drásticamente la forma en que pensamos nuestra sociedad —como, por ejemplo, *Primavera silenciosa* (1962) de Rachel Carson, *Unsafe at Any Speed* (1965) de Ralph Nader o *El nuevo estado industrial* (1966) de John Kenneth Galbraith— es extremadamente pequeño.

Jane Jacobs se convirtió en miembro de esos pocos elegidos con la publicación de *Muerte y vida de las grandes ciudades* (1961). Antes de que apareciera ese libro, Urban Renewal significaba excavadoras y reconstrucción masiva, guetos de torres de viviendas y autopistas de cuatro carriles. Tras su publicación han pasado muchas cosas: rehabilitación de barrios, asociaciones de vecinos, conservación histórica a gran escala y un progresivo cambio en la población que está provocando que la clase media vuelva al centro de la ciudad, a barrios recuperados como el West Village, el SoHo, Park Slope, Columbus Avenue y la orilla norte de Staten Island. Jane Jacobs ha conseguido hacer por los crecientes vacíos urbanos lo mismo que Rachel Carson hizo por nuestros espacios naturales abandonados.

Como Nader y Carson, Jane Jacobs ha sido una filósofa soldado que no se ha inhibido de las batallas que pronto empezó a desencadenar su obra. Durante la década de 1960, lideró la exitosa lucha contra la autopista urbana conocida como Lower Manhattan Expressway; entre 1955 y 1956, contra el plan que proyectaba que una carretera atravesara Washington Square Park, y en 1961 contra el plan de rehabilitación de West Village. La Lower Manhattan Expressway habría seccionado una amplia franja de Little Italy y habría asfixiado Chinatown con el humo de los coches. El SoHo habría muerto antes de nacer.

¿Por qué una mujer que ha luchado tanto por los barrios de Nueva York ha abandonado su hogar y su país? Jane Jacobs y su familia fueron "bajas" tempranas de la guerra de Vietnam. Jacobs vivió 30 años en Nueva York, allí se casó y crió a sus tres hijos. Pero en 1968 los dos que son varones, James y Edward, habían llegado ya casi a la edad de reclutamiento y decidieron resistir. Tal como había hecho siempre, Jane Jacobs puso a su familia en primer lugar y se fue a Canadá.

La familia Jacobs encontró refugio en Toronto, hoy la ciudad más grande de Canadá, y descubrió, con placer, una ciudad "muy parecía a lo que solía ser Nueva York". En los últimos 10 años, Jacobs ha mantenido un perfil bajo, evitando escrupulosamente la atención pública y rechazando las constantes solicitudes de entrevistas y conferencias. Sin embargo, sigue siendo una activa crítica de los planes de los urbanistas, incluso en Toronto, y está trabajando en un nuevo libro.

Conversé con Jane Jacobs en su casa de Toronto. Nuestro tema fue la Westway, y provocó una respuesta emocional inmediata: "En términos de impacto para la ciudad, la Westway solo le va a la zaga a una bancarrota —dijo Jacobs—; es la decisión de futuro más importante a la que se enfrenta Nueva York. Ningún alcalde tendrá nunca tanto impacto en Nueva York como el que sea responsable de esta autopista. Si el alcalde Ed Koch no hiciera nada más que abortar el proyecto de la Westway, ya habría sido uno de los grandes alcaldes de la ciudad". La Westway, prosiguió Jacobs, es una metáfora de la ciudad; la opinión que uno tenga sobre ella depende de su concepto de lo que es la ciudad y de lo que puede llegar a ser.

¿Cómo llegó a involucrarse en la batalla de la Lower Manhattan Expressway?
Se publicó tan poca cosa en los diarios que yo nunca habría sido consciente de lo que estaba pasando de no haberme visto con gente en el Ayuntamiento. Tal era el nivel de empeño con el que lo estaban ocultando. No se consideraba noticia.

El padre LaMountain [de la iglesia del Santísimo Crucifijo, en Little Italy] y sus feligreses estaban movilizándose contra ella. La Westway habría arrasado su calle, su iglesia, su comunidad parroquial, sus tiendas y más cosas. Esto fue justo después de nuestra lucha en el West Village, y la habíamos ganado, así que, a principios de 1962, me pidieron que asistiera a una reunión sobre el tema. Yo tenía mis reticencias. Había pasado un año horrible. No conseguimos frenar la designación del West Village dentro del plan de la Urban Renewal hasta febrero de 1962, nos llevó todo un año, y yo tenía la sensación de no haber dormido apenas en todo ese tiempo. Casi ni habíamos podido tener una comida tranquila porque siempre había gente en casa. Pero bueno, no pasa nada, era necesario.

Teníamos reuniones todo el rato. La gente se acercaba para enterarse de las últimas noticias. Llegamos a un acuerdo con la gente del barrio. Cuando no queríamos que viniera gente a casa dejábamos la luz de la puerta apagada, pero si estaba encendida podían venir. La mayor parte del tiempo todo el mundo estaba trabajando. Esas cosas solo podíamos hacerlas por la noche, y así pasó el año toda la familia, y no nos lo habríamos perdido por nada. Es decir, nos hubiera encantado no haber tenido ese problema, pero en tanto que lo teníamos, no habríamos dejado pasar la oportunidad de luchar y ganar. Sobre esto no hay duda. Pero estábamos cansadísimos, y la idea de meternos en otra lucha… El padre LaMountain tuvo que emplear ciertas dosis de persuasión para que yo accediera a asistir a esa reunión.

Empecé a entender que esta batalla estaba vinculada a la de Washington Square. Si la Westway llegara a construirse, nuestra victoria en Washington Square habría sido algo realmente pírrico. Tendría que haber unas rampas de salida que, si no pasaban a través de Washington Square, lo harían muy cerca, así como por otros lugares del Village. Los monstruos siempre vuelven, ya sabes.

Además, empecé a ver claras algunas cosas que no habíamos entendido en absoluto sobre la lucha contra la Urban Renewal. No dejábamos de oír hablar de la existencia de un mapa que estaba en la Oficina de Desarrollo del bajo Manhattan de David Rockefeller. Nos lo contaron varias personas que lo habían visto. En él se veía una combinación de autopistas y nuevas promociones inmobiliarias a ambos lados de Manhattan, extendiéndose hacia el norte hasta el West Side, de modo que empecé a verlas como facetas distintas de la misma lucha, ya que alguien tenía una visión global de cómo debía ser Nueva York. Nos estábamos tropezando continuamente con esta visión, una visión monstruosa. Ibas viendo fragmentos sueltos y no resultaba del todo paranoico pensar que se trataba de un plan general del que el público en realidad no sabía demasiado. El desastre que supondría para el Village y para otros barrios saltaba a la vista.

Ese conflicto parece directamente salido de su libro *Muerte y vida de las grandes ciudades*.
Así es, y era aun mucho peor de lo que yo habría podido creer o imaginar mientras escribía el libro. No podía creer que existiera tal grado de estupidez con respecto a Nueva York.

Cuénteme de cuando la detuvieron en 1968.
El Estado de Nueva York celebraba una audiencia pública centrada en una gran promoción que iba a ponerse en marcha para urbanizar una gran cantidad de suelo. De pronto empezaron a quitarle importancia al volumen de automóviles, o a ignorarlo, porque estaban preocupados por el tema de la contaminación. Un comité estaba estudiando el impacto medioambiental

de la autopista por contaminación y estaban verdaderamente asustados. La gente intentó formular la siguiente pregunta: si la contaminación no iba a aumentar, porque no iba a haber demasiado tráfico nuevo, ¿cómo se justificarían los costes? Y les respondieron que aquella audiencia no era para tratar ese tema. Era todo una gran farsa.

Y ocurrió algo muy curioso. Yo estaba acostumbrada a las audiencias de la Junta de Estimación, donde el micrófono del orador está orientado hacia las personas que dirigen la audiencia, las que van a tomar las decisiones, y, así, quien interviene está siempre de espaldas al público. En esta audiencia, sin embargo, el micrófono estaba orientado en la dirección opuesta, con el orador de espaldas a los funcionarios, algo muy simbólico.

Así que cuando me tocó hablar a mí, señalé el hecho de que no nos estábamos dirigiendo a los funcionarios allí presentes, sino que hablábamos entre nosotros. Era una farsa. Además, aquello tampoco habría servido para nada de haber estado allí hablando con los funcionarios, porque de todos modos no eran ellos quienes tomaban las decisiones. Eran tan solo los recaderos, enviados desde Albany para presidir el acto y dejar que soltáramos presión bajo la apariencia de una audiencia, pero como tal era falsa.

Decidí que al menos iba a enviarlos de vuelta a Albany con el mensaje de que aquello no nos gustaba en absoluto, y, puesto que hablando no iba a conseguir transmitirles ese mensaje —porque no escuchaban nada—, decidí cruzar el escenario y que se enteraran bien de que no me iba a quedar contenta con limitarme a hablar con mis conciudadanos allí abajo, quería transmitirles un mensaje inmediato, y dije: "Quien quiera acompañarme, que venga conmigo". Me dirigí a ellos en lugar de a los funcionarios. Lo habían preparado todo para que habláramos entre nosotros, así que eso haría. Y empecé a subir al escenario; casi todos los asistentes se levantaron y empezaron a seguirme por el escenario. Es todo lo que pensaba hacer, cruzar el escenario y salir por las otras escaleras.

Esto los puso muy nerviosos: la idea de que unos seres humanos desarmados y perfectamente apacibles se acercaran y entraran en contacto con ellos. Nunca he visto a nadie tan asustado. En el escenario tenían a un policía. Mientras subía, supongo que con casi todo el público acompañándome, estaba todo en silencio, en completo silencio, salvo por el presidente, un ingeniero, que no dejaba de gritar: "¡Agente, detenga a esta mujer! ¡Detenga a esta mujer!".

Al principio no me detuvo. Se me acercó y me dijo: "Señora Jacobs, venga aquí y siéntese". Me senté donde me indicó, el presidente estaba de pie bloqueando el paso. Nadie sabía qué hacer. La estenotipista se puso de pie de un salto, alarmada; la cinta se salió por todos lados y ella se aferró al estenotipo. Entonces la gente empezó a coger la cinta, que estaba por ahí desparramada, y a lanzarla por los aires. Eso fue todo lo que pasó: un silencio un poco inquietante y una especie de lanzamiento tranquilo de confeti. Fue realmente surrealista, porque nadie se puso a destrozar el papel ni a hacer nada violento, solo lo tiraban por el aire. Y el ingeniero gritaba: "¡Detenga a esa mujer! ¡Detenga a esa mujer!". Y todo el resto del mundo estaba en completo silencio. Nadie sabía qué hacer.

El policía dijo: "Salga por el otro lado; haga ese gesto". Y entonces le hice un comentario despectivo sobre las personas que estaban dirigiendo la audiencia. No recuerdo qué le dije; era bastante simple. Algo así como "Esta gente ya tiene la decisión tomada; solo quieren marearnos". Y él dijo: "No me diga". Y me quedé allí sentada.

Esta escena se prolongó y al cabo de un rato pensé: "Alguien tiene que acabar con esto. Aquí nadie sabe mejor que yo lo que hay que hacer". Así que me levanté de la silla —todos aquellos tipos asustados bajaron por el otro lado— y volví a coger el micrófono. Dije: "¿De qué se me acusa? ¿Por qué van a detenerme?". El policía dijo: "A petición del señor John Toth [ingeniero jefe del Departamento de Transportes]. Yo no la detendría, pero él lo ha exigido". Entonces, repetí: "¿De qué se me acusa?". Y él dijo: "Bueno, eso se le aclarará en la comisaría. Pero tengo que detenerla, lo siento". Y dije: "Bueno, creo que están cometiendo un error". Y él dijo: "Yo también lo creo, pero no tengo otra opción".

Fue muy amable, y siempre estuvo de mi lado. Me acusaron de desorden público y se fijó una fecha para la vista. Cuando llegamos al juzgado, estuve esperando toda la mañana. El juicio de mi caso no se celebró. En un momento dado, el policía que me había arrestado se acercó y me dijo: "Están presentando cargos nuevos en su contra. Están abriendo libros de legislación que no habían abierto nunca". Los cargos fueron: disturbios, incitación a los disturbios, delito contra la propiedad y obstrucción a la administración pública. Cuatro años de cárcel. Les hubiera gustado mucho encerrarme, les habría encantado.

Me pintaron como un personaje muy peligroso: incitación a los disturbios. Era una amenaza en las calles y tenía que ser silenciada, y si hablaba había que meterme en la cárcel, porque probablemente estaría incitando a los disturbios.

¿Y después qué pasó?
En la vista previa contaron todo tipo de mentiras sobre los daños que yo había causado a la máquina de estenotipia, "daños contra la propiedad". Allí estaba el señor Toth, que hizo un relato horrible de lo aterrador que había sido todo. Supongo que para él lo fue, que no se lo estaba inventando todo, pero a mí me sonaba ridículo aunque él estuviera aterrorizado de verdad.
Yo tenía un abogado muy caro, de primera categoría, y tuvimos que recaudar fondos para poder pagarle. La estrategia del abogado fue la siguiente: posponerlo todo una y otra vez, el mayor tiempo posible, hasta que se calmaran, porque estaban realmente furiosos y querían hacérmelo pagar. Eso es lo que había descubierto.

Para cuando llegamos a juicio, habíamos llegado a un acuerdo. Me declaré culpable. Me condenaron por desórdenes públicos y me dejaron libre con la sentencia en suspenso y la obligación de pagar los desperfectos de la máquina. La máquina no había sufrido ningún daño. Habían hablado largo y tendido sobre la reparación que habían tenido que hacer y lo que había costado, cientos de dólares en desperfectos de aquella máquina tan valiosa. Era todo falso, un engaño, pero era la justificación que tenían, más allá del hecho de que yo me hubiera paseado por donde no era bienvenida.

Quisimos que nos dieran un recibo y después investigar y descubrir qué tipo de corrupciones y falsedades había en él, puesto que sabíamos que la máquina no había sufrido daños. El abogado pidió el recibo y no obtuvo respuesta, de modo que escribí al juez diciendo que tenía que pagar aquella indemnización. No quería tener la multa pendiente persiguiéndome. Adjunté una copia de la carta que habíamos enviado, mencioné las llamadas telefónicas que habíamos hecho y le pedí que los obligara a cumplir con su parte de la orden judicial para poder cumplir yo con la mía. No obtuve ninguna respuesta, pero al menos tenía la carta como documento oficial, por si alguna vez alguien decía: "Bueno, le ordenaron que hiciera esto y no lo hizo". Supongo que se dieron cuenta de la trampa en la que queríamos que cayeran. Los habríamos apretado al máximo si hubieran intentado falsificar una factura de reparación.

¿Con aquella detención consiguieron algo tangible?
Hay cosas que vas peleando con juicios y así ganas tiempo. En otras, se gana tiempo poniendo otro tipo de

palos en las ruedas. En todas estas luchas necesitas ganar tiempo. La vía judicial es más onerosa.

Sí que logramos algo con todo aquel lío. Los federales celebraron una audiencia pública y declararon que aquella autopista urbana era inaceptable en términos de impacto medioambiental. Vaya, vaya, ese veredicto sí que cambió las tornas. Mi detención nos dio algo de tiempo y mereció la pena. Por eso aceptamos un acuerdo con la acusación, para ganar más tiempo. Si hubiera sido necesario, habría ido a la cárcel, pero nuestro único objetivo era ganar tiempo para seguir trabajando en Washington sobre el tema medioambiental y obtener una declaración en contra de la autopista.

¿Cómo acabó la lucha?
Un poco como la de West Village. Al cabo del tiempo, lo único que quería Washington era que lo de West Village terminara, pues le estaba dando un mal nombre al programa de la Urban Renewal en todo el país. El *Saturday Evening Post* publicó editoriales sobre el West Village. Por todo Estados Unidos pudieron verse fotografías de gente manifestándose contra ella. Para ellos era una mala imagen, mala prensa. Y creo que el *lobby* de las autopistas de Washington empezó a tener la sensación de que con esta carretera estaba pasando lo mismo.

Fue uno de los primeros casos que provocó una reacción así, y fue algo inequívoco. Era evidente el volumen de contaminación que iba a producir. En un momento inicial, el Estado había utilizado las cifras del incremento del tráfico para justificar que tuvieran que gastarse todo ese dinero y ocasionar aquel nivel de destrucción debido a la cantidad de vehículos a los que habría que dar cabida. Pero se acabó, y, finalmente, se borró del mapa.

¿Cómo puede alguien oponerse a la Westway cuando la ciudad necesita desesperadamente puestos de trabajo para revitalizar su economía?
Esa es la pregunta que hacen una y otra vez los defensores de estas autopistas urbanas en las audiencias públicas, pero lo que nunca nos dicen es quién se va a quedar con esos trabajos, y jamás contabilizan los empleos que se van a perder en el proceso de desarraigo que el nuevo desarrollo inevitablemente lleva aparejado.

Según un estudio realizado durante seis meses por el Sierra Club, si el dinero destinado a la construcción de la Westway se invirtiera alternativamente en la rehabilitación del tráfico y en una modesta reconstrucción de la West Side Highway, se crearían 103.000 empleos anuales, tanto dentro como fuera de Nueva York. La construcción de la Westway promete la creación de solo 78.000, y la mayoría de ellos fuera de la región, en las acerías, cementeras y demás fábricas de componentes y materiales. Además, la mayoría de los empleos que se prevé que cree la construcción de la Westway serán temporales, y además esta supone una amenaza para muchos empleos estables que ya existen, porque los comercios de toda la zona de construcción de la Westway se verán obligados a cambiar de ubicación.

Nueva York lleva demasiado tiempo canibalizándose a sí misma en favor de empleos temporales en el sector de la construcción, y al mismo tiempo vamos perdiendo todo tipo de espacios industriales de bajo coste y suprimiendo todo tipo de puestos de trabajo que ya existen. Durante la lucha contra la Lower Manhattan Expressway en la década de 1960, le pregunté a Harry Van Arsdale, dirigente de la Central Sindical, qué opinión tenía sobre toda esa destrucción de empleo. Me contestó: "Oh, ese tipo de empleos no me preocupan". Solo le interesaban los puestos de trabajo en la construcción. A día de hoy, cuando se habla de empleos, ese sigue siendo el argumento del *lobby* de las autopistas, incluso en el caso de la Westway.

Un proyecto como el de la Westway, bien diseñado, podría mejorar el entorno urbano, además de suponer una prometedora rehabilitación del deteriorado puerto de Manhattan.

Hay muchas autopistas que se han construido —o propuesto— en zonas en las que no fuerzan el desarraigo, o en las que el desplazamiento de vecinos es mínimo, pero aun así provocan daños enormes en la ciudad, y sigue siendo una prioridad equivocada en la que invertir el dinero.

Es una manera errónea de abordar el tema del transporte en la ciudad, una forma antieconómica, contaminante y que tiene contradicciones internas injustificables, lo cual es un problema nacional. Aquí estamos hablando de una autopista en concreto, pero eso no significa que, solo porque exista en otra ciudad una autopista urbana cuya construcción no haya provocado desarraigo de vecinos ni aislado el acceso a su costa —pero que sí atraviese la ciudad por la mitad— esta vaya a ser algo bueno. No lo es.

¿La oposición a la Westway no tiene un cariz reaccionario?
Todo lo contrario. La Westway es solo una pequeña parte de todo el plan de una apabullante red de autopistas para Manhattan que convertirían la ciudad, poco a poco, en Los Ángeles. Es un plan antiguo, que se remonta a 1929. Piénsalo, Nueva York se enorgullece de ser una ciudad moderna y su gobierno sigue un plan con un siglo de antigüedad. Lo que vemos son fragmentos de ese plan, que van resurgiendo cada pocos años. Nadie daría su consentimiento a la locura que supone llevar a cabo todo eso, pero, poco a poco, se va haciendo.

Robert Moses fue un maestro de esta técnica: podía construir un puente sin decir que a cada uno de sus lados tenía que haber una carretera, o construir una carretera sin decir nada del enorme puente que esta necesitaba. Era un enfoque fragmentado; a la gente le habría dado algo si hubieran llegado a verlo al completo y a entender sus implicaciones.

Todo eso suena un poco exagerado. Al fin y al cabo, estamos hablando de una autopista sobre un vertedero cubierto de tierra que irá desde la Battery hasta la calle 42 y que no pavimenta todo Manhattan.

Echa un vistazo al plan de 1929 y cambiarás de opinión. El plan incluye no solo la autopista del West Side, sino también un anillo por toda la costa de la isla, en realidad es más como una gran U, porque la parte superior no está cerrada. Eso requiere enlaces, una serie de vías que atraviesen el centro de la isla de este a oeste para conectar ambos lados del anillo.

Pero ese plan general no llegó a ponerse en práctica.

Gran parte de él sí. Y aún podría ocurrir lo peor si se ampliara el sistema de carreteras, se añadieran más rampas de acceso y aparecieran esas vías de enlace que seccionan la ciudad. La FDR Drive es parte del plan, como la West Side Highway. Si no ves las carreteras que pasaban por en medio de la ciudad es porque estuvimos 20 años luchando contra ellas. La Lower Manhattan Expressway, que iba a atravesar la Broome Street, era una de estas vías de enlace.

La propuesta de construcción de la Lower Manhattan Expressway vino precedida de una gran cantidad de propaganda negativa acerca de la zona que ahora llamamos SoHo. Entonces, a mediados de la década de 1950, se la conocía como Hell's Hundred Acres [los cien acres del infierno] o The Valley [el valle]. Se argumentaba que iba a ser algo bueno meter por allí una autopista y deshacerse de todos aquellos edificios horribles y convertir la zona en algo parecido a Washington Square Village (torres de viviendas nuevas y estériles).

Acabar con el proyecto de la autopista sirvió para salvar un pedazo maravilloso de Nueva York. El SoHo ya estaba reviviendo, o al menos comenzando a hacerlo, y de otro modo lo que ahora es el SoHo habría sido eliminado. También Chinatown y Little Italy habrían quedado devastadas, así que habríamos perdido nuestros tres barrios más antiguos y preciados del bajo Manhattan.

Entonces, ¿qué tiene que ver el plan de aquella autopista, abortado hace tiempo, con la Westway?
Si la Westway se aprueba, el plan de la Lower Manhattan Expressway se reactivará. Es probable que ahora no pase por Broome Street, sino por Canal Street, que aparece mencionada en el plan de 1929 y siempre se consideró una ruta alternativa. Existe un primer informe de abril de 1977, destinado al Departamento de Carreteras, que hace referencia a un "Corredor viario Canal/Delancey", o sea, una versión modificada de la Expressway, que supondría una presión para reconstruir, según el estándar de las carreteras interestatales, el resto de la West Side Highway desde el norte de la Westway, ampliando su capacidad de tráfico y atravesando Riverside Park. También habría nuevas carreteras que cruzarían la ciudad, como la de la calle 34 y demás, por toda la isla. La Westway no sería en absoluto un segmento de autopista aislado; es como un tronco de árbol al que tienen que crecerle ramas.

¿Por qué se opone a un sistema de autopistas cuyo objetivo fundamental es vaciar de tráfico las calles irremediablemente congestionadas de Manhattan?
No tiene ningún sentido afirmar que esta red de carreteras va a descongestionar de tráfico las calles de la ciudad. Va a necesitar toda una serie de rampas de acceso para que el tráfico pueda entrar y salir de la ciudad, y, así, el sistema terminará invadiendo toda la ciudad, será una disrupción de su propio tejido.

Mientras el esquema de las autopistas siga centrado en las circunvalaciones exteriores, las cosas están en calma. En cuanto aparecen las vías arteriales que deben alimentar el sistema, la gente se asusta mucho. A partir de entonces es cuando se ve claramente cómo los responsables de trazar ese plan van a acabar destruyendo la ciudad que hoy conocemos; destrozarán todo su tejido, la entregarán al tráfico. Hay mucha gente que no quiere una ciudad así, ya sea por el perjuicio directo que supondría para sus hogares, su lugar de trabajo o para el aire que respiran, pero también por lo inhumano de ese tipo de entorno. Les horroriza, les repele, va en contra de su visión de lo que debería ser la ciudad.

Esas personas no quieren que Manhattan se convierta en Los Ángeles, una ciudad construida para los automóviles, no para las personas. No quieren una ciudad que haya destruido sus SoHos, sus Chinatowns, sus Little Italies. Planes como los de la Expressway o la Westway son una sentencia de muerte para los barrios. Antes de que caiga el primer edificio, el plan ya fomenta el deterioro y paraliza las inversiones en los comercios existentes. En cuanto ven los avisos, los comercios se marchan, o directamente evitan establecerse en esa zona. Los propietarios aguantan, a la espera de una compra lucrativa. Cuando una sentencia de muerte se cierne sobre un sitio como el North End de Boston o el West Village y, sin embargo, estos barrios siguen prosperando y la gente sigue invirtiendo allí su dinero, se trata de todo un milagro. El único modo de hacerlo es con el coraje que les da saber que no van a permitir la ejecución de esa sentencia de muerte, o manteniéndose en completa ignorancia respecto de su existencia.

Pero quienes nunca lo ignoran son los banqueros, y entonces dejan de dar préstamos. Cuando en una zona hay una sentencia de muerte como esa, siempre hay que sortearla de algún modo, buscar dinero de donde sea, lo que al final quizá implique abandonar una zona muy buena, si el plan llega a ponerse en marcha.

Pero la decadencia y el empobrecimiento que hoy sufre el West Side empezaron mucho antes que la propuesta de la Westway.
Hay una razón por la que se permitió que los muelles del West Side se deterioraran y otra que explica que los barcos que había allí se trasladaran a Port Elizabeth y a otros lugares. Había otro destino pensado para esta zona. A su debido tiempo debía ser un gran pelotazo inmobiliario, de ahí que la inversión pública y privada se fueron a otros sitios.

¿Y qué hacemos con los camiones? Son necesarios para la vida económica de la ciudad y compiten por el espacio viario con los automóviles.
La mejor manera de facilitar el acceso a los camiones es eliminar el mayor número posible de coches particulares y que la gente se desplace en transporte público. Esto mejora los atascos, acelera el tráfico, permite ahorrar dinero y crea un mejor clima para la industria neoyorquina.

Será difícil defender una postura a favor de la West Side Highway y en contra de la Westway.
No es tan difícil como la de nuestros adversarios. Los defensores de la Westway tienen que hacer frente a un terrible dilema. Su postura se apoya en una contradicción enorme. Si afirman que la Westway albergará una gran cantidad de tráfico suplementario en los próximos años, se encuentran con el problema de la contaminación del aire, aun si todo este tráfico se mueve por la ciudad un poco más rápido. Si el tráfico aumentara tan solo un 2 % anual durante los próximos 20 años, será un horror por el incremento de la contaminación que supondrá para la ciudad. Por tanto, los defensores de la Westway, por el bien de sus propios argumentos, tienen que minimizar el aumento del tráfico y sus implicaciones.

Por otro lado, estas carreteras cuestan mucho dinero, ¿cómo van a justificar un gasto de 1.160 millones de dólares si la Westway no va a acoger más tráfico del que ya son capaces de soportar las carreteras existentes? Cualquier cosa que cueste tanto dinero debe ofrecer al público algún servicio proporcionalmente igual de grande, o no tiene sentido, que es lo que ocurre aquí. La Westway va a suponer un *perjuicio* enorme para la ciudad, pues ocasionará un aumento del tráfico, lo que conlleva un daño medioambiental tremendo. Los defensores de la Westway tienen que demostrar que esta podría acoger más tráfico del que cabría en una reconstrucción de la West Side Highway. Además, una rehabilitación de 38 millones de dólares está muy lejos de una Westway de 1.160 millones.

Si se minimiza el daño medioambiental, no se justifican los costes. Pero nunca se analizan ambas cuestiones al mismo tiempo en la misma audiencia pública.

La ventaja añadida de la Westway son todas las nuevas viviendas y los parques que podrán construirse al soterrar el tráfico.

Esa es la misma zanahoria de los defensores de la Expressway en la década de 1960. La lucha contra la Lower Manhattan Expressway empezó a finales de la década de 1950, pero pocos años más tarde la gente estaba más sensibilizada con el tema del impacto medioambiental, de modo que los argumentos en defensa de la autopista se desplazaron hacia el tema de la urbanización de suelo. De pronto había todo un plan maravilloso con nuevas viviendas, parques, fuentes y rehabilitaciones que iba a crecer a ambos lados de la autopista. Toda una zona nueva de la ciudad por urbanizar.

Lo de la Westway es la misma estafa. Ese grandioso plan de urbanización de suelo es un señuelo pensado para vender el proyecto. En lugar de hablar de la autopista, los promotores se empeñan en hablar de cubrimiento de vertederos y de lo que se construirá encima, y esperan que nadie pregunte: "Vale, si el cubrimiento del vertedero, los parques y los edificios de viviendas están tan bien, si el Ayuntamiento de verdad va a tener suficiente dinero para gestionar esos parques y si los neoyorquinos de verdad van a tener ingresos suficientes como para ocupar todas esas viviendas y demás, entonces ¿por qué no llevarlo a cabo como proyecto independiente? ¿Promoverían este plan de cubrimiento de vertederos sin la autopista? ¿Sería totalmente inviable sin ella? ¿Por qué? ¿Qué hay de malo en ese proyecto sin la autopista?". La razón por la se trata de algo genial *con* la autopista es porque está pensado para vender la autopista.

Parece que usted cree que el proyecto para cubrir el vertedero es un mito, pero el director de las fases de diseño y planeamiento de la Westway, Lowell Bridwell, consiguió la aprobación federal de un nuevo principio: los fondos federales para los tramos urbanos de las autopistas interestatales deben incluir un suplemento para el coste del soterramiento, minimizando así su efecto disruptivo y proporcionando espacio libre a la ciudad, para destinarlo a parques y demás.
Aunque los urbanistas nunca hacen hincapié en ello, la propuesta de cubrimiento del vertedero no consiste

más que en algunos cambios en la zonificación y suponen más suelo vacío. Depende de los fondos propios del Ayuntamiento llegar a las fases de ajardinamiento y construcción real de los parques, y después serán los promotores privados los que paguen la cuenta de las viviendas.

Claro que estaría bien que la ciudad tuviera más parques, pero ¿por qué estamos dejando que se deterioren los que ya tenemos? Si no hay dinero suficiente para cuidar los que ya existen, ¿cómo va a haberlo para los nuevos? ¿O es que vamos a dejar que los antiguos se deterioren aún más mientras invertimos en los nuevos, del mismo modo en que Robert Moses invirtió en las autopistas dejando que el sistema de transporte público se deteriorara? ¿Por qué añadir más suelo a la ciudad cuando algunos defensores de la propuesta de la Westway están de acuerdo con la "reducción planificada de servicios" en zonas como el Bronx sur, donde ya hay alcantarillado, líneas de servicios públicos y calles? Nada de esto tiene sentido.

Si alguna vez existió un proyecto inmobiliario destinado al fracaso, ese es el de la urbanización de la Westway. No olvidemos la experiencia de Battery Park. No obtendremos más que terrenos cenagosos. Y para cuando se vea que el plan de urbanización es un fracaso, a nadie le importará porque la autopista ya estará construida.

Entonces, ¿quién está a favor de este proyecto si no tiene sentido?
Los mismos lobistas que siempre consiguen que se les haga caso, sin importar lo desacertado que haya sido su asesoramiento con anterioridad. El presidente Jimmy Carter le dijo al congresista Ted Weiss que él estaba a favor de la Westway porque David Rockefeller le había asegurado que era buena para la economía de la ciudad. Es lo mismo que Rockefeller dijo sobre el World Trade Center y mira lo desastroso que ha resultado para el mercado inmobiliario.

¿Cuál será el futuro del West Side si se para el proyecto de la Westway?
Cuando luchábamos contra la Expressway, nos decían que queríamos incendiar la ciudad, que todos aquellos edificios deteriorados eran trampas mortales en caso de incendio, pues en su interior había todo tipo de materiales inflamables que hubieran hecho del propio Rockefeller Center una trampa mortal en caso de incendio. Y también porque no se cumplía la normativa contra incendios. Era un área que tenía que borrarse del mapa.

En comparación con el SoHo, la revitalización del West Side sería fácil. En muchas zonas ya ha empezado. El West Village se está extendiendo hacia el río Hudson por las calles Greenwich y Washington, donde hay edificios de almacenes que se están transformando en viviendas y cooperativas.

La ribera del West Side podría ser todo un éxito, al igual que sucede en Toronto, Seattle, Boston o Vancouver. En Boston, la gente solía vivir en los muelles, donde había muchos restaurantes. En la década de 1930, los muelles eran un lugar fabuloso. Desde que en esa ciudad empezaron a tomarse el urbanismo muy en serio, se programó su demolición. De repente, los muelles estaban "destartalados". Por supuesto, ahora los están reconstruyendo y están volviendo a ser lo que eran. Hay antiguos edificios industriales que se están destinando a viviendas, comercios y restaurantes, y algunos de los muelles se han reconstruido.

Esta es una de las cosas de las que podría aprender Nueva York. Pensemos en todas las funciones para las que podrían utilizarse los muelles en desuso, en su ubicación y en sus pilones. Podrían construirse nuevas zonas de usos mixtos —comercial, residencial, parques, residencias artísticas— con vistas al río. Es algo que ya se está produciendo de forma natural y que podría promoverse, igual que se permitió en el SoHo, y que se autofinanciaría.

Ya hay un montón de espacio que ocupar, un montón de espacio libre en el que, en caso necesario, sin duda debería construirse antes de empezar a pensar en añadir suelo nuevo a un coste enorme. Y, en cualquier caso, ese suelo nuevo no sería un éxito hasta que se ocuparan estos vacíos. Pero primero debemos parar la Westway. No es más que una manicura de 1.160 millones de dólares que acabará con el encanto innato de la zona y creará una polvareda durante al menos 20 años.

¿Qué perspectivas reales hay de parar el proyecto de la Westway? ¿Qué tendrían que hacer quienes se oponen a él?

En las últimas dos décadas, el público ha pasado por un gran proceso de aprendizaje sobre cómo derrotar a los tipos de las autopistas y, como reacción, claro está, estos tipos han desarrollado otras formas de defenderse. El aspecto del impacto medioambiental y de la contaminación del aire fue un arma nueva para el público, de modo que los promotores cambiaron de tema como parte de un movimiento defensivo. Ahora existe un requisito que es la participación; el público lo exigió y lo consiguió. Este requisito no existía en los proyectos viarios anteriores, de modo que hoy las armas defensivas son formas nuevas de manipular al público y de hacer uso de las relaciones públicas para dar la impresión de que hay participación. Con la Westway se han adelantado a muchos de los problemas que tuvieron con la lucha de la Lower Manhattan Expressway, y esta vez la lucha es más dura porque saben que no podrán renunciar a la Westway y empezar con otra parte de la red.

Si detenemos el proyecto de la Westway y recuperamos parte de esos fondos, ¿en qué deberíamos invertirlos?

En transporte público. No es casualidad que el sistema de transporte público haya seguido deteriorándose al tiempo que se han ido invirtiendo cantidades enormes de dinero en las autopistas. El dinero que puede invertirse en el transporte no es ilimitado. Si el primer objetivo es construir carreteras para los automóviles y ajustar todo lo demás en el margen que queda, será la ruina de Nueva York.

¿No es difícil decir no a la construcción de nuevas carreteras y de formas nuevas de dar acogida a los automóviles? La gente parece muy dispuesta a aceptar esta opción como una norma.
En realidad no, funciona al revés. El tiempo está de nuestra parte. Ahora existen más dudas sobre este tema. La lucha se está recrudeciendo y cada vez se está extendiendo más. En 1955 y en 1956, luchar contra que una carretera atravesara Washington Square era inaudito, por no hablar de los términos con los que las personas formadas hablan ahora con toda naturalidad. Por entonces, los términos eran estos: "¿Qué prefiere, una carretera que atraviese el parque o la ampliación de la carretera que lo rodea?". La mayoría de la gente entonces no podía imaginar ninguna otra alternativa.

Edith Lyons y Shirley Hays —que iban con sus hijos a ese parque— empezaron a preguntarse por qué tenían que limitarse a elegir una de esas dos opciones y por qué tenía que haber más vías de tráfico en torno a Washington Square, para empezar. Se las tildó de locas que no tenían ni idea de las cosas de la vida. ¿No era esa forma de pensar muy típica de una mujer?

Está en contra de los coches, ¿verdad?
No soy una fundamentalista anticoches. De hecho, creo que está muy bien que tengamos coches en lugar de

caballos. Además, en ningún caso creo que deban ser eliminados de las ciudades. No creo que debamos prohibirlos. Sin embargo, cuando empiezas a dejar de lado el resto de los servicios, cuando comienzas a dedicar prácticamente todos los fondos destinados al transporte a este único fin, estás deteriorando la ciudad.

Pero ¿querría mantener a los amantes del automóvil fuera de los límites de la ciudad?
Hay personas que prefieren trasladarse en automóvil en cualquier circunstancia. Adoran eso que Marshall McLuhan llama el "capullo metálico de una tonelada". De acuerdo, nadie las va a obligar a salir de sus coches si quieren quedarse dentro, pero tienen que aceptar algunas de las desventajas que supone moverse en coche por la ciudad. Ellas han hecho una elección, pero la ciudad no debería remodelarse en función de los coches.

Es imposible rehacer las grandes ciudades para dar cabida a todos los coches existentes o futuros, y si lo intentas, tendrás que tergiversar las prioridades, y ahí aparece el desgaste. Por eso nos jugamos tanto en la lucha de la Westway.

Si llegara a construirse la Westway, sería una señal muy clara de que no hay esperanza para el futuro de Nueva York, que no sabe hacer otra cosa que repetir errores carísimos y desastrosos, que no se puede cambiar, y que está bien seguir construyendo nuevas autopistas o ampliando las que ya existen. Y detrás vendrán otras ciudades.

Se siguen repitiendo obsesivamente los mismos errores. Lo más aterrador de la Westway es que nos dice que Nueva York no puede cambiar. La Lower Manhattan Expressway fue algo preliminar. Con esta carretera ha llegado la hora de la verdad y de ello depende el futuro de la ciudad.

LA MADRINA DE LAS CIUDADES
2001

ENTREVISTA REALIZADA POR
JAMES HOWARD KUNSTLER

Toronto me da siempre la curiosa sensación de estar en un universo paralelo, un universo donde podría encontrarme en alguna gran ciudad estadounidense —Detroit, St. Louis o Cleveland, por ejemplo—, sencillamente de no haber pasado por todas las convulsiones culturales de la posguerra ni arrojado nuestras ciudades al basurero de la historia. En Hollywood se recurre muy a menudo a Toronto como escenario de una ciudad cualquiera de Estados Unidos, pero la verdad es que Toronto se encuentra en mucho mejor estado que casi cualquier ciudad estadounidense.

En Toronto pueden verse edificios de oficinas tan horrendos y grandiosos como los de Estados Unidos, así como el mismo tipo de calles excesivamente amplias, sin mobiliario urbano ni medianas, ni árboles ni cualquier otro elemento decorativo que pueda considerarse un impedimento para la circulación de automóviles. Sin embargo, a pesar de estas carencias, Toronto está viva. Las calles del centro son un bullicio de gente que de verdad vive en el centro, en pisos o en casas, y las aceras están abarrotadas hasta altas horas de la noche. El espacio público, donde los edificios se encuentran con la acera, está activo. Toronto es lo que muchas ciudades estadounidenses desearían ser.

Jane Jacobs —renombrada urbanista y autora de *Muerte y vida de las grandes ciudades* (1961), *La economía de las ciudades* (1970), *Las ciudades y la riqueza de las naciones* (1984), *Systems of Survival* (1993) y otros libros—[1] vive aquí. Su casa se encuentra en el barrio de The Annex, en una tranquila calle residencial cerca de Bloor Street,

---

1   Jacobs, Jane, *Death and Life of Great American Cities*, Random House, Nueva York, 1961 (versión castellana: *Muerte y vida de las grandes ciudades*, Capitán Swing, Madrid, 2011); *The Economy of Cities*, Vintage Books, Nueva York, 1970 (versión castellana: *La economía de las ciudades*, Península, Barcelona, 1971); *Cities and the Wealth of Nations: Principles of Economic Life*, Random House, Nueva York, 1984 (versión castellana: *Las ciudades y la riqueza de las naciones: principios de la vida económica*, Ariel, Barcelona, 1986); y *Systems of Survival: A Dialogue on the Moral Foundations of Commerce and Politics*, Vintage Books, Nueva York, 1993 [N. del Ed.].

la calle principal de la University of Toronto, que se parece a la comercial calle 8 de Greenwich Village, lugar donde Jacobs vivió y escribió hace años. Hay *boutiques* y pequeños restaurantes junto a copisterías, tiendas de alimentación asiática y zapateros. La casa de Jacobs es uno de esos "dobles" de Toronto, un tipo de vivienda adosada de ladrillo con un amplio porche neoclásico de madera pintada de blanco, un hastial a la holandesa y una hiedra que trepa por el muro.

Jacobs vive aquí sola; su marido, Robert, que era arquitecto, falleció en 1996. Uno de sus hijos vive con su familia en la misma manzana y se ven a menudo. Cuando la visité, la autora, de 84 años, se encontraba un tanto incapacitada a causa de una cirugía de cadera. El interior de la casa tenía el aspecto típico de la bohemia intelectual de la década de 1960. Los Jacobs habían tirado abajo algunos de los muros, de modo que, en el primer piso, la cocina, el comedor y la sala de estar son un único espacio. Hay, por supuesto, una pared enorme repleta de estantes que crujen bajo el peso de los libros, mientras que otras superficies están aún pintadas con los colores vibrantes de la era go-go, la época en la que se instaló la familia. Cerca de la *bay window* de la fachada delantera puede verse una especie de armadura hecha de conchas, trozos de madera y huesecillos encontrados en la playa; el mantel de la mesa del comedor tiene un arriesgado motivo de las Indias Orientales. Hay dibujos hechos por la hija de Jacobs, que vive en una remota zona rural de la Columbia Británica, y numerosas fotografías familiares por todas partes. Su despacho es una habitación en la parte trasera de la primera planta, un lugar especialmente tranquilo.

Jacobs se sigue pareciendo a esa famosa foto que le hicieron en la taberna White Horse del West Village hace más de tres décadas (con un cigarrillo en una mano y una jarra de cerveza en la otra). Sigue teniendo el mismo corte de pelo tipo casco plateado con flequillo, y sus grandes gafas enfatizan su papel de observadora perspicaz, con un tono travieso. A Jacobs le sigue gustando la cerveza, y mientras hablamos se bebió una botella de cerveza tostada local.

Mantuvimos nuestra conversación sentados en la mesa de su comedor.

¿Qué impresión le dio su primera visita a Nueva York?
La primera vez que estuve en Nueva York tenía 12 años. Veamos, si yo nací en 1916, tendrá que haber sido en 1928, antes del Crac de 1929. Fui con los padres de unos amigos, creo que en coche. Supongo que dejamos el coche en Nueva Jersey. En fin, nos subimos a un ferri y aparecimos en el sur de Manhattan. La cantidad de gente que había en las calles me dejó boquiabierta. Era la hora de comer en aquel Wall Street de 1928 y aquello era…, la ciudad bullía. Había gente por todas partes.

¿En qué año se trasladó a vivir allí?
Eso fue…, a ver, en 1934.

¿Y qué impresión tuvo entonces? ¿Fue distinta?
Sí, fue distinta. La diferencia entre la cresta de la ola de la prosperidad de la década de 1920 y la Depresión.

¿Se palpaba? ¿De verdad era algo que podía verse y sentirse?
Yo percibí algunos contrastes, incluso en aquella primera visita, especialmente en la zona sur. En 1934 había muchos parados, mientras que en 1928 ninguno.

¿Adónde fue cuando llegó a Nueva York en la década de 1920? ¿Llegó hasta Greenwich Village de forma natural, o empezó en otro sitio?
Mi hermana, seis años mayor que yo, ya vivía allí.

¿A qué se dedicaba?
Había estudiado diseño de interiores en Filadelfia y llegó a Nueva York con la esperanza de encontrar trabajo como diseñadora. Pero, estando en plena Depresión, no lo consiguió. Encontró trabajo en unos grandes almacenes, los Abraham & Strauss de Brooklyn, en el departamento de mobiliario del hogar. Fue lo más parecido a lo suyo que pudo encontrar. En fin, cuando llegué a Nueva York ella había vivido en la calle 94 este. Imagínate, en aquella casa vivían ella y otras chicas. Era una residencia, con un alquiler muy barato. Ahora esa es una zona muy cara.

Sí, pero la cervecera Jacob Rupert estuvo allí hasta 1957. Yo viví un tiempo en la calle 93. En alguna fase del proceso de elaboración el barrio se inundaba del aroma de la cerveza y el lúpulo.
Se mudó a Brooklyn Heights, a una casa que ya no existe, a un edificio de seis plantas sin ascensor, donde vivía-

mos en el último piso. Era un buen barrio y estaba cerca del hotel St. George. Fue antes de que construyeran las autopistas. Yo salía cada mañana a buscar trabajo; leía el periódico y buscaba lo que me parecía factible y los anuncios de las agencias de empleo. Normalmente cruzaba andando el puente de Brooklyn hasta Manhattan, y luego, cuando me rechazaban en todos aquellos trabajos, me pasaba el resto del día curioseando por el lugar donde había parado, o, si acababa en algún sitio que ya conocía, me gastaba cinco centavos en un billete de metro, me iba a alguna otra parada al azar e investigaba por otro sitio. Por las mañanas buscaba trabajo y por las tardes me dedicaba a deambular por la ciudad.

Un buen día me encontré en un barrio que me encantó... Fue una de esas veces en las que me gasté los cinco centavos del metro. ¿Y dónde salí? En Christopher Street, solo porque me gustó cómo sonaba el nombre. Me quedé hechizada por el barrio; estuve toda la tarde dando vueltas por él y luego volví corriendo a Brooklyn y le dije a mi hermana: "Betty, he descubierto el sitio donde tenemos que ir a vivir". Y ella me contestó: "¿Dónde?". Y le dije: "No lo sé, pero te metes en el metro y sales en la parada de Christopher Street". Así que nos pusimos a buscar un piso cerca de la parada.

¿Qué encontraron?
Encontramos un apartamento en Martin Street. Por entonces yo ya tenía trabajo, supongo que no nos pusimos a buscar de inmediato; una mañana me tocó el gordo y conseguí un trabajo.

¿Y de qué era?
De secretaria en una empresa que fabricaba caramelos.

Así que ha hecho algunas labores de secretaria.
Sí, trabajé como secretaria unos cinco años.

¿Sospechaba que terminaría siendo una intelectual profesional?
No, pero sí tenía la corazonada de que iba a ser escritora. Esa era mi intención.

¿Iba con alguno de los bohemios de Greenwich Village de entonces?
No.

¿Los veía por ahí?
Sí, supongo, pero no tenía dinero para pasarme el rato en los bares. Vivíamos muy cerca del meollo. De hecho, a menudo mi hermana Betty y yo teníamos que alimentarnos a base de los cereales infantiles Pablum, porque mi padre era médico y nos decía que lo más importante era mantener la salud y que no debíamos escatimar en alimentos nutritivos. Así que, cuando no teníamos dinero para comprar comida sana, sabíamos que los cereales Pablum eran muy nutritivos —venían en polvo y tenías que diluirlos, y estaban ricos—, y sabíamos que los plátanos y la leche también eran buenos. Y vivíamos de eso hasta que teníamos un poco más de dinero.

Suena un poco triste.
Sí, pero nos divertíamos, y tampoco es que nos alimentáramos a base de cereales infantiles durante mucho tiempo, y es verdad que nos mantenía con buena salud y era una comida nutritiva.

Sí, igual que los astronautas se alimentan de comida en tubo.
Exacto. No quiero darte la imagen de que nos pasábamos largos períodos así, pero quizás a finales de semana...

Cuénteme cómo se adentró en la vida de una intelectual pública.
Muy pronto empecé a escribir artículos. Al haber pasado tardes observando diferentes zonas de la ciudad, empecé a escribir una serie de artículos sobre distintas zonas de la ciudad que me compró la revista *Vogue*. Escribí sobre el barrio de las pieles —los artículos tenían algo que ver con el tipo de cosas que se supone que interesan a los lectores de *Vogue*—, aunque mientras escribía no sabía para quién lo hacía. Cuando entendí lo que estaba haciendo, lo probé.

Debió de ser emocionante vender artículos a revistas.
Lo era. Me pagaban 40 dólares por artículo.

Entonces eso era mucho dinero.
¡Mucho! Porque en mi trabajo de entonces ganaba 12 dólares a la semana. Claro que tampoco vendí muchos.

Escribí sobre el barrio de las pieles, el de las flores, el de las marroquinerías, el de los diamantes, que entonces estaba en la Bowery. No dejaba de intentar ser escritora, y al final, no al momento, pero sí más tarde, llegué a escribir relatos para la edición dominical del *Herald Tribune*, aunque por eso no me pagaban tan bien. Más tarde escribí algunas cosas para *Q Magazine*..., sobre las tapas de registro, sobre cómo saber qué es lo que fluye bajo tus pies con solo leer lo que hay escrito en las tapas de las alcantarillas.

Por cierto, no fue a la universidad.
No quise seguir estudiando después del instituto, y me alegré de que acabara.

¿Era una rebelde?
Sí.

Me identifico con eso, a mí tampoco me gustaba estudiar.
En el comedor cogía bolsas de papel y las hacía explotar, así que me mandaban al despacho del director y ese tipo de cosas. Tampoco es que fuera una persona problemática; no era destructiva, pero sí traviesa.

¿Una bromista?
Algo así, sí.

Estas últimas semanas he estado repasando algunos de sus libros y son hermosamente convincentes. Su-

pongo que cuando escribió *Muerte y vida de las grandes ciudades* estaba muy irritada con la cultura estadounidense. Por ejemplo, escribió: "Es posible que nos hayamos convertido en una gente tan abúlica que ya no nos importe cómo funcionan las cosas, sino únicamente la primera, rápida y externa impresión que nos dan". Y esto fue en torno a 1960, o a finales de la década de 1950.
Sí, lo empecé en 1958 y lo terminé en 1960.

Mi impresión es que la vida estadounidense ha cambiado bastante poco en ese sentido. De hecho, en mis conferencias suelo decirle al público que somos un pueblo condenado que merece ser castigado..., y que conste que no soy religioso. ¿En qué estado de ánimo estaba usted entonces? ¿Estaba molesta con la cultura estadounidense? ¿Era por la cultura del diseño cívico, de Robert Moses, o una combinación de ambas cosas? ¿La Bauhaus? ¿Qué era lo que le irritaba en aquellos días?
Lo que me irritaba sobremanera era aquel desenfreno de falsedades, vandalismo y desperdicio que se vino a llamar Urban Renewal, y la inconsciencia con la que se adoptó como la gran novedad, y que la gente fuera tan poco honesta con lo que se estaba haciendo. Eso es lo que me enfadaba. Trabajaba para una revista de arquitectura y vi todo aquello en persona, fui testigo de cómo se buscaban excusas para las cosas más terribles.

Entonces ya debía de estar familiarizada con cosas como la Ville Radieuse y otros proyectos de Le Corbusier de la década de 1920, o de la Bauhaus. Por entonces, Walter Gropius ya se había instalado en la Harvard University y Mies van der Rohe...

Yo no tenía opinión alguna sobre todo eso, en ningún sentido. Era solo otra manera de construir. En resumen, no tenía ideología ninguna. Cuando escribí "es posible que nos hayamos convertido en una gente tan abúlica", no tenía ideología.

Pero sí estaba enfadada.

Sí, pero por lo que estaba pasando y por lo que veía con mis propios ojos; fui testigo de todo en primera persona. No tenía ninguna imagen abstracta de la cultura estadounidense. Por entonces, había asistido un par de años a clases en la Columbia University, pero no de cultura estadounidense. Fui un tiempo a una asignatura de Sociología y me pareció una idiotez. Disfruté mucho de varias asignaturas de ciencias y de otras en las que me matriculé, y siempre me he sentido agradecida por lo que aprendí durante aquellos dos años.

Pero te diré algo que sí me había estado dando vueltas a la cabeza. A mí me gustaba ir a museos de maquinaria antigua, de herramientas, etc. Había uno en Fredricksburg, Virginia, la ciudad natal de mi padre. Me impresionaba mucho ver cómo estaban pintadas esas viejas máquinas, lo que servía para mostrar cómo funcionaban. Es evidente que tanto sus creadores como sus usuarios prestaban atención a cómo se articulaban aquellos cacharros, qué parte movía qué otra parte, de modo que a otras personas también les interesara.

Me gustaba ir a la estación de ferrocarril de Scranton a ver las locomotoras; me alucinaban, con aquellos pistones que movían las ruedas. Me interesaba cómo se movían y su conexión con el vapor interno y demás. Mientras tanto, llegaron aquellas locomotoras con faldones que te impedían ver cómo se movían las ruedas, y aquello me fastidiaba; supuestamente era por razones aerodinámicas, pero no tenía sentido. Empecé a darme cuenta de que todo se estaba empezando a ocultar, y me pareció algo un tanto enfermizo.

¿Así que le disgustaba el afán de optimización de la década de 1930?
Así es. Por eso recuerdo muy bien lo que tenía en mente cuando escribí aquello de "una gente tan abúlica". Estaba pensando en aquellos faldones de las locomotoras, y en cómo se había popularizado este hecho. Ya no nos importaba saber cómo funcionaban nuestras ciudades, ya no nos interesaba mostrar dónde estaba la entrada de un edificio ni cosas por el estilo. Eso era todo lo que quería decir. No es que fuera un comentario global sobre la sociedad estadounidense en abstracto, sino que pensaba que, en cierto sentido, aquello marcaba una decadencia real.

A propósito de los barrios marginales, ahora sabemos a ciencia cierta que la limpieza de estos espacios y la Urban Renewal fueron un desastre. Yo soy muy crítico con

la Urban Renewal, pero un gran problema de las ciudades estadounidenses es que tampoco son lugares con los que la gente puedan implicarse de verdad.
Eso no es del todo cierto. En las ciudades de Estados Unidos había muchas zonas que importaban mucho a la gente, lo que se manifiesta en su resistencia a ser expulsada de ellas. Una de las cosas que más me enfureció de la Urban Renewal fue lo del West End de Boston, donde hasta día de hoy sigue habiendo una comunidad fantasma. Los desplazados y sus hijos publican regularmente un periódico. En 1958 hablé con dos arquitectos que contribuyeron a justificar la destrucción del West End de Boston, y uno de ellos me confesó que había tenido que meterse a gatas con un fotógrafo en espacios de servicio para obtener imágenes de lugares lo bastante oscuros y ruidosos como para justificar que aquello era un tugurio horroroso. Fue algo completamente deshonesto.

El otro era un arquitecto conocido y muy respetado que podía dar su opinión sobre la necesidad de eliminar aquella zona. Me contó que, en general, aquellos edificios estaban tan bien construidos que, sin duda, eran mejores que cualquier cosa que fuera a levantarse en su lugar. También dijo que algunos de los edificios tenían detalles tan bonitos que era desgarrador saber iban a ser destruidos. Ambos arquitectos lo sabían, pero aun así apoyaron la destrucción de aquella zona.

¿No es esa la historia de todo lo ocurrido a mediados del siglo xx, la de decenas de arquitectos y funciona-

rios de urbanismo justificando cosas realmente perniciosas?

Así es, y lo hicieron de forma deshonesta. ¿Cómo podían justificarlo? Cuando yo discutía con ellos sobre todo aquello, lo justificaban porque la Urban Renewal era un bien mayor, de ahí que estuvieran dispuestos a ofrecer falso testimonio en su favor. ¿Por qué era aquello un bien mayor? Todo el mundo lo entendía así, porque los barrios marginales son algo malo. "¡Pero esto no es un barrio marginal!". Había dejado de importarles cómo funcionaban las cosas, y eso era en parte lo que me enfadaba tanto. Además, tampoco parecía importarles lo que hubiera de cierto o de falso en las cosas.

Está claro que hubo mucha gente implicada en ello, y no todos eran mentirosos. Muchos parecen haber sido simplemente idealistas, pero es difícil entender cómo ese nivel de idealismo desorientado pudo llegar a afectar a toda una generación.

Yo tampoco lo entiendo. No entiendo cómo se producen estos cambios. Un ejemplo es el macartismo y el grado de miedo que inoculó en la gente. ¿Cómo pudo amilanarse de pronto tanta gente? Y, cuando las miasmas del macartismo se disiparon, igualmente sucedió casi por arte de magia.

En la década de 1950 recogimos firmas para impedir que una carretera atravesara Washington Square. Pusimos una mesa con hojas de firmas cerca del parque. Pedimos firmas a la gente que venía a disfrutar del parque y resulta que muchísimos rehusaban firmar. Les decíamos: "Pero no quieres que haya una carretera por aquí en medio, ¿verdad?". No, no lo querían, pero "no se sabe quién más podría firmar esto. Firmarlo puede resultar peligroso", le decía, por ejemplo, un señor a su mujer. Fue en esa época cuando aquel extraño temor lo invadió todo, pero también recuerdo cuando se disipó, estando en plena lucha por salvar un barrio. Era uno de los barrios en los que viví, se lo designó como barrio degradado y se le hicieron el mismo tipo de acusaciones.

¿Era el West Village?
Sí, no era un barrio degradado. Muchos de los lugares que se destruyeron no eran zonas marginales.

¿A quién le interesaba derribar el West Village?
A los Rockefeller, aunque nunca ha llegado a demostrarse (ten cuidado con esto, pues puedes acabar acusado de difamación). Realmente fue ahí donde se originó, en la Downtown Lower Manhattan Association, una organización de David Rockefeller que quería derribar el barrio.

Tenían un montón de visiones, eminentemente privadas, de lo bonita que iba a ser la ciudad llena de torres de viviendas. Existiría también un pequeño enclave en el que se mantendrían las casas más bonitas y más caras del Village, pero no todas las zonas que lo rodean, donde residían las personas de renta menor, sobre todo zonas de usos mixtos, el pecado del West

Village, pues había un montón de zonas de este tipo. Y ahora todos estos espacios que antes eran de uso industrial se están convirtiendo en *lofts* carísimos, y hay condominios que se venden por más de un millón de dólares. Toda aquella gente, incluso los expertos inmobiliarios, no tenía ni idea. Eran enormemente ignorantes, no solo con respecto a lo que estaban destruyendo, sino a lo que quería la gente.

Estoy divagando, pero esto me sigue enfadando.

¿Qué nivel de indignación mantiene estos días?
Sigo enfadada. Tenemos un primer ministro que parece empeñado en destruir nuestros sistemas sanitario y educativo. Pero yo ya tengo la piel de elefante: puedo enfadarme sin que me entren ganas de vomitar, ya sabes a lo que me refiero.

¿Llegó a conocer a Robert Moses?
No, solo lo vi una vez en una audiencia pública para tratar el tema de la carretera que iba a atravesar Washington Square, una rampa de acceso a la Lower Manhattan Expressway. Moses apareció por allí brevemente para explicar sus argumentos, pero nadie nos había informado al respecto. No habíamos intervenido aún porque siempre hablaban los funcionarios en primer lugar, pero después se fueron sin escuchar a la gente. En fin, que estaba allí de pie agarrado a la barandilla, furioso porque aquello le parecía una afrenta, y supongo que ya se estaba dando cuenta de que su plan peligraba, porque dijo: "No hay nadie que

esté en contra de esto, nadie, nadie, nadie, más que ¡un montón de madres!". Y luego se marchó enfadadísimo.

¿Fue Moses más dañino para Nueva York que Albert Speer para Berlín?
Nunca he estado en Berlín, pero tampoco creo que haya que comparar. Moses hizo un daño enorme a Nueva York, ¡vaya que sí! Creo que Nueva York solo está empezando a recuperarse ahora.

Pero volviendo a la cuestión de estos extraños ataques de histeria que arrastran a la gente en masa, me acuerdo también del momento en que el macartismo empezó a disiparse, porque lo vi en ejemplos concretos, en primera persona. Fue durante nuestra lucha por salvar el barrio, en la década de 1960. Veías esa forma de asustar a la gente para que no firmara las peticiones y todo aquello.

El Consejo Ciudadano de Vivienda y Urbanismo tenía a toda la gente del centro comunitario, y muchos también se habían convertido en unos idealistas que no sabían lo que hacían. Su director dio una rueda de prensa y cargó contra toda aquella gente horrible, egoísta y malísima que estaba intentando frenar un maravilloso proyecto de rehabilitación urbana que iba a limpiar Greenwich Village. No solo nos llamó egoístas, sino también rojos, cosa que habría asustado a un montón de gente, pero como no era solo una batalla ideológica, sino una lucha por un barrio, había todo tipo de personas implicadas.

Una de ellas dijo que había sido comunista en la década de 1930, comunista de verdad, ¡con carné del partido y todo! El tipo era muy buena gente. Era artista y había creado muchos de nuestros mejores panfletos visuales, así que tuvimos una reunión y nos preguntamos: ¿qué hacemos con todo esto? Y hubo consenso sobre que no importaba que hubiera sido comunista, nos daba igual. Esto no tiene nada que ver con la guerra, sino con salvar nuestro barrio. En cuanto alguien lo dijo, caímos todos en la cuenta. Sin duda, aquello era lo único sensato que se podía hacer. Un par de días más tarde salió un artículo en el *New York Times* diciendo que éramos unos rojos, y todo el mundo se rio. Nos aprendimos de memoria la lista de características terribles que teníamos.

Esa fue mi particular forma de experimentar de primera mano que la histeria ya había pasado. ¿Por qué había pasado? ¿Por qué de pronto la gente podía reírse de aquello?

Su lugar de nacimiento es Scranton, Pensilvania, y el momento de plenitud de su vida lo pasó en Manhattan, concretamente en Greenwich Village.
Bueno, yo no diría eso. [*risas*] Sigo estando en la plenitud de mi vida.

Pasó una determinada parte de su vida en Nueva York. ¿Por qué se mudó a Canadá?
Bueno, nos mudamos en protesta por la guerra de Vietnam. Teníamos dos hijos en edad de reclutamiento, y

no se hubieran librado. Uno de ellos era físico; había acabado la carrera y le habían aceptado en un doctorado en Física, y por entonces Estados Unidos estaba asustadísimo por el *Sputnik*. Él se hubiera librado, pero el otro quizás no. Ambos hubieran preferido ir a la cárcel que a la guerra. Y mi marido dijo: "Mira, no hemos criado a estos chicos para que terminen en la cárcel". Y, en todo caso, no nos gustaba la guerra. Simpatizamos con la oposición que nuestros hijos mostraban hacia ella, así que decidimos cambiar de país. Básicamente, no estamos hechos para ser ciudadanos de un imperio. Nos gustó la vida aquí, y a nuestros hijos también.

¿Al principio no tenían intención de quedarse para siempre?
No.

Debe de haber sido algo muy disruptivo.
Habría resultado disruptivo si nos hubiéramos considerado exiliados. Me he dado cuenta de que quienes se consideran a sí mismos exiliados nunca consiguen rehacer su vida de verdad. Nosotros nos considerábamos inmigrantes. Se trataba de una aventura y estábamos todos juntos.

Pero estaban dejando atrás muchas cosas.
Sí, pero hubo algo que descubrimos al llegar aquí: los estadounidenses no se creen de verdad que haya otros lugares tan reales como Estados Unidos. Nosotros estábamos dejando atrás cosas, pero íbamos a

encontrar otras distintas igual de reales, interesantes y excitantes. Cuando decidimos quedarnos, la gente me preguntaba: "¿Cuándo volvéis?". "Bueno, no vamos a volver. Vivimos aquí." "Va, pero no puedes... así, sin más, tendréis que volver a la vida real". Y yo les decía: "Esto también es real". Esto es algo que a los estadounidenses les resulta muy difícil de entender y creo que quizás sea una de las mayores diferencias con respecto a la gente de otros lugares. Los canadienses saben que hay lugares igual de reales que Canadá. Esa forma de egocentrismo es muy extraña.

¿Cree que los estadounidenses tienen algo que es arrogante y complaciente, hasta el punto de resultar extraño o peligroso?
Sí, se les ha machacado demasiado con que son los seres más afortunados de la tierra y con que cuanto antes imite su forma de ser el resto del mundo, mejor. Sigo teniendo mucha familia en Estados Unidos y aún tengo muchos amigos allí. Hay muchas cosas que admiro enormemente. Siempre que veo que fuera de Estados Unidos se les critica en exceso, quiero contarle a la gente todas las cosas buenas que tienen. Así que no soy de los que odian Estados Unidos. De verdad vine aquí por razones positivas, y nos quedamos aquí por razones positivas, porque nos gustó. ¿Por qué me hice ciudadana canadiense? No rechacé la ciudadanía estadounidense, pero no podías tener doble nacionalidad (ahora sí se puede), de modo que tenía que ser o canadiense o estadounidense. Adopté la ciudadanía

canadiense porque no me parecía normal no poder votar.

¿Alguno de sus amigos estadounidenses puso reparos a ese gesto?
Lo único que pensaron es que aquello era como si me estuviera yendo a una tierra de ensueño, a un país de las maravillas o algo así. Nadie de mi familia tuvo nada que objetar, ni tampoco mis amigos más cercanos. Quizás podían pensar que era un poco extraño porque no se les había ocurrido a ellos.

En las décadas de 1960 y 1970, ¿quiénes consideraba que eran sus colegas de profesión o sus colegas intelectuales? ¿Hay alguna figura que podamos conocer? Algunos nombres al azar: ¿Dwight Macdonald, Norman Podhoretz? ¿A quiénes frecuentaba?
Me gustaba mi editor, y me sigue gustando, Jason Epstein. Conocí muy poco a Dwight Macdonald, y me cayó bien.

Entonces, ¿no tenía constituida una pandilla?
No. En *Muerte y vida de las grandes ciudades* aparece toda una lista de gente a la que agradezco la ayuda prestada, pero no se trata de ayuda intelectual.

¿Admiraba a algún contemporáneo que escribiera sobre urbanismo?
Admiraba a algunas de las personas con las que trabajé en la revista *Architecture Forum* y a mi amigo William

H. Whyte, una persona muy importante para mí, pues estábamos en la misma onda. A través de Whyte conocí a Jason Epstein, que acabó siendo mi editor. Jason había montado Anchor Books y editó los primeros libros de bolsillo. Le conté lo que quería escribir y él aceptó publicarlo y hacerme un contrato.

¿Cuántos años tardó en escribir *Muerte y vida de las grandes ciudades*?
Bueno, no demasiado. Comencé en otoño de 1958 y terminé en enero de 1961. Así que fueron dos años y unos meses, pero llevaba mucho tiempo pensando en ello. Aunque no sabía para qué estaba documentándome, era para ese libro.

Muchas personas nada estúpidas creyeron en los dogmas del urbanismo moderno que condena su libro. ¿Hasta qué punto cree que incluso la gente inteligente es prisionera de las condiciones de su tiempo o su lugar? ¿Cómo explicamos la pervivencia de ideas tan terribles como las de la Ville Radieuse de Le Corbusier, sobre todo entre los mandarines de las universidades estadounidenses de élite que forman a nuestros líderes culturales?
Creo que, en gran medida, la gente inteligente es prisionera de su tiempo o lugar.

¿Así de simple?
Siempre hay disidentes. Ahora tendremos que hablar del sistema educativo.

Bueno, como sabe, la gente de las universidades estadounidenses de élite —como Harvard, Columbia y Yale— son hoy tremendamente hostiles al tipo de ideas que usted pregonaba hace 40 años, aunque algunos de mis colegas aún intenten convencer a los estadounidenses de que son buenas. Y son tremendamente hostiles al movimiento del New Urbanism.
Sí, sé que lo son.

De una forma casi patológica. ¿Cómo se explica eso? ¿Se trata simplemente de que defienden doctrinas indefendibles? ¿Qué tratan de proteger?
Tratan de proteger su forma de ver el mundo. Todo el mundo tiene una cosmovisión, sea o no consciente de ello, y puede incluso que se la haya formado de niño. Supongamos que se la han formado en la época de la universidad, como suele ser el caso, o en el bachillerato, cuando sea. Todo lo que aprenden a partir de ahí, o todo lo que ven a partir de ahí, lo encajan en esa visión del mundo. Y así, a través de ese filtro, dan coherencia a lo que consideran bueno, malo, lo que funciona, lo que no, lo que es noble, lo que es innoble, y así con todo.

Bueno, también deberíamos declararnos culpables de lo mismo.
Sí, a todos nos pasa, pero hay dos maneras diferentes de relacionarte con las cosas que te encuentras en el mundo. En una, todo lo que te llega refuerza aquello que ya crees y aquello que ya sabes. La otra es mantenerse lo bastante flexible o lo bastante curioso, o qui-

zás lo bastante inseguro de ti mismo —o a lo mejor es lo bastante seguro, no sé cuál de las dos— como para que las cosas nuevas que te vas encontrando no dejen de modificar tu visión del mundo.

Lo mismo sucede cuando estás escribiendo un libro. Al terminar el libro, la cosa acaba siendo bastante distinta de como pensabas que iba a ser cuando empezaste, tanto en su forma como en su contenido y en lo que piensas. Es que vuelcas y digieres muchas cosas —no todo lo tenías ya digerido— y el proceso modifica lo que pensabas y las perspectivas que tenías. Cuando aprenden algo, muchas personas ya se sienten muy seguras de ello, y eso les supone una amenaza terrible. No creo que sea tanto una amenaza intelectual como emocional: toda su visión del mundo va a verse alguna vez atravesada por eso tan desconcertante de estar confundido.

Le contaré un ejemplo con el que me topé hace poco en Canadá. Estaba en un panel de conferenciantes, en el Royal Architectural Institute of Canada, y me llegó el turno de hablar, y como aquella mañana había estado paseando por Ottawa y había observado muchos edificios con fachadas completamente ciegas a la calle, comenté que quizás no fuera mala idea que los arquitectos canadienses reconocieran que los edificios tienen una parte inferior, una central y una superior, y que la inferior igual tendría que funcionar de forma distinta a la central. A todas aquellas personas se les pusieron los pelos de punta y empezaron a decir: "Maldita sea, no

somos clasicistas, no intentes colarnos el clasicismo. Ya lo hemos superado". Me pareció realmente extremo.
Es algo emocional.

Les dije: "No os estoy pidiendo que seáis clasicistas. Es algo que puede hacerse en estilo azteca moderno, y en estilo retro en plan George Jetson; puede hacerse como queramos. Pero reconocer que un edificio tiene parte superior, central e inferior no es una cuestión de estilo". No querían ni oír hablar del tema; estaban completamente indignados.
Lo sintieron como una amenaza.

Pero el asunto es por qué querer seguir construyendo edificios que están matando sus ciudades y que la gente detesta. ¿Qué razón pueden albergar para seguir haciéndolo?
Ellos no creen que estén matando ciudades ni que la gente los deteste. Toda la información con la que se quedan es la que les confirma que eso supone una mejora para la ciudad. ¿No te dice eso algo? Significa que lo que estabas diciendo amenazaba la imagen que ellos tenían de sí mismos. No tenía que ver con sus ideas sobre los edificios o sobre la ciudad, tenía que ver con ellos, con la imagen que tienen de sí mismos.

Otro ejemplo. A Le Corbusier se le ocurrió un plan absurdo para destruir la orilla derecha parisina, el barrio de Le Marais. La idea llegó a Estados Unidos y arrasó. Mientras, en Francia, cada año Le Corbusier les insis-

tía a los funcionarios parisinos, diciéndoles: "Tengo una idea maravillosa para destruir la orilla derecha". Y se reían de él, durante años, década tras década, y nunca hicieron lo que él proponía. Sí que construyeron un montón de cosas mal hechas fuera del centro de París, pero no derribaron el centro. En Estados Unidos, vimos la idea y nos encantó. ¿Por qué no nos reímos de ella? Mucha gente sí lo hizo.

No la suficiente como para evitar que sucediera.
Eso es verdad. Bueno, sí se evitó en Greenwich Village, y al final todo quedó en nada.

Ed Logue fue casi una figura paradigmática de su tiempo. Un producto de Yale, de las universidades estadounidenses de élite, que destruyó, sin percatarse de ello, New Haven y gran parte del centro de Boston como responsable de campañas modernas de Urban Renewal durante la década de 1960. ¿Usted llegó a ver cómo se desplegaban esos planes? ¿Qué pensó de ellos?
Pensaba que eran atroces y que Logue era un hombre muy destructivo. Me formé esa opinión la primera vez que lo conocí, en New Haven, y me contó todas las cosas maravillosas que estaba haciendo y que iba a hacer.

¿Recuerda en qué circunstancias lo conoció?
Fue cuando estaba empezando a trabajar en mi libro. Fui a verlo para saber lo que pasaba en New Haven y por ahí, y me contó algunas cosas útiles, en concreto

una historia muy interesante. Me dijo que lo mejor que podía pasarle a San Francisco eran otro terremoto y un incendio, como el de 1904. Me dejó espantada. Yo había estado en San Francisco y me había parecido un lugar maravilloso. Y él lo decía en serio, pensaba que había que derrumbarlo todo y construirlo desde cero. Vaya, en mis libros lo pongo de chalado para arriba.

Y New Haven nunca se recuperó. Logue dejó gran parte del centro reducido a escombros y plantó allí un centro comercial que nunca ha funcionado bien, y que creo que ahora va a ser demolido total o parcialmente. Puso también un centro de convenciones, otra bomba, y metió las autopistas por todo el centro. Y en Boston fue el responsable, junto a I. M. Pei y Henry Cobb, de la City Hall Plaza, que yo creo que fue un fracaso desde el principio.
Vaya, pues claro que lo ha sido. Pero no consiguió destruir el North End, aunque era lo que quería. Incluso llegó a enviar la propuesta a la gente de la Urban Renewal.

Viví en Boston en 1972, y recuerdo el North End como un lugar muy vibrante. También era muy de clase obrera, y no se había mudado allí ni un solo *yuppie*. Era un barrio italiano, muy encapsulado pero tremendamente activo, lleno de carnicerías de cerdo, queserías y tiendas de galletas. Pero ¿qué recuerda de la campaña de Logue en Boston?
Bueno, puedo contarte por qué Ed Logue estaba bien valorado. Los editores de la revista donde trabajaba,

Architectural Forum, creían en la Urban Renewal. Pude comprobar quiénes eran sus héroes, y Ed Logue era uno de ellos.

¿Esto le irritaba?
Claro, pero solía discutir con ellos sobre esas cosas y no conseguí llevármelos a mi terreno. Querían vivir en un mundo nuevo que les excitara; eso era lo que querían. Algunas de las cosas que has escrito sobre la gente que vivió su mayor aventura durante la época de la guerra... yo creo que a esa gente le daba un propósito en la vida el hecho de tener una visión de ese mundo nuevo tan emocionante que iban a crear y a habitar.

¿Vio la muestra *Futurama*, de General Motors, en la Exposición Universal de Nueva York 1939? ¿Qué opinión le mereció entonces?
Sí. Bueno, pues, pensé que era muy mona. Era como ver una de esas maquetas de trenes eléctricos, ¿sabes? Muy mono todo.

¿Pudo sospechar que aquello acabaría siendo la Dallas de 1985?
No, claro que no.

¿Creyó que era solo una fantasía, que no se materializaría?
Sí, lo veía como uno de esos trenes eléctricos, como un juguete.

Ha vivido la mayor parte del siglo xx, y esa debe de ser una visión vertiginosa de la historia contemporánea. Por ejemplo, ha visto casi completo el auge del automóvil, desde los días en los que era una formidable promesa, antes de la II Guerra Mundial, hasta la absoluta destrucción del paisaje natural y urbano de Estados Unidos. ¿Puede contarnos cómo evolucionó su propia perspectiva sobre el automóvil y sus consecuencias, y si esta fue cambiando a lo largo de las décadas?

Mi familia tenía coche desde antes de que yo naciera. Mi padre era médico y necesitaba un coche para desplazarse. Una generación antes habría tenido una calesa y un caballo. Para mi padre, ese coche era otro utensilio más, igual que su maletín. Nunca lo consideramos un medio de transporte que sirviera para cualquier cosa. Por ejemplo, si queríamos ir al centro, que estaba a tres kilómetros de donde vivíamos en Scranton, íbamos caminando hasta la esquina y cogíamos el tranvía. Nunca nos llevaban a los sitios en coche. Cuando las horas de oficina de mi padre coincidieron con que uno de mis hermanos y yo empezábamos a ir al instituto muy cerca de donde él trabajaba, sí íbamos con él en el coche. Y de vez en cuando hacíamos algún viaje en familia. Cuando tenía cuatro años, fuimos a Virginia en coche para visitar a la familia de mi padre. Ah, y entonces también fue cuando vi cómo se cortaba el césped de la Casa Blanca: había ovejas en los prados.

¿Hubo un momento en el que empezó a sospechar que el automóvil podría ser algo pernicioso?
Eso no lo veía como algo pernicioso, pero sí lo que estaba pasando con las carreteras: su ampliación y la tala de árboles. Y después, claro, el derribo de edificios. Lo que me parecía destructivo eran las carreteras; tal vez sea una distinción absurda. No es que los automóviles se estuvieran dedicando a embestir y derribar las casas ni a talar los árboles. Insisto, como ves el pensamiento abstracto no es lo mío. El daño inmediato y concreto es el que estaban provocando las carreteras.

Bueno, he aquí un ejemplo concreto. Tenemos un sistema ferroviario del que incluso los búlgaros se avergonzarían.
Sí, y en Canadá pasa lo mismo, y antes era un sistema maravilloso.

Ha dicho que es mucho más agradable vivir en una ciudad donde las cosas van a mejor, no a peor. Estoy de acuerdo porque vivo en una ciudad, Saratoga, que en los últimos dos años ha mejorado mucho. Se han construido más edificios en la calle principal en los últimos tres años que en todo el siglo xx —edificios bien hechos— que simples bloques a modo de búnker. ¿Qué está pasando en Toronto?
El centro de la ciudad está cada vez mejor, e incluso en algunas partes se están ampliando las aceras. Ya no hay casi gasolineras y se han construidos edificios, algunos muy bonitos. Ahora vive mucha gente en el

centro y ello se debe a una política municipal concreta. Tuvimos a una alcaldesa magnífica, Barbara Hall, que se puso a trabajar en el tema de la zonificación y cambió toda la visión del tema y, créeme, le resultó muy difícil educar a su departamento de urbanismo para que aceptara tal cosa o hiciera tal otra. Las distintas visiones que tenía Hall eran excelentes.

¿Cómo consiguió meter en cintura a toda esa gente?
Conversaba incansablemente con cualquiera que pudiera tener algo que ver, y consiguió educarlos y convencerlos de su punto de vista. Supuso mucho trabajo, mucho hablar y mucha convicción en lo que estaba haciendo.

Toronto tiene una característica notable para una ciudad norteamericana: está viva. ¿Ha visitado recientemente alguna ciudad de la América profunda, como Detroit, St. Louis, Columbus o Indianápolis, y ha comprobado su nivel de desolación? Es desgarrador. Las pequeñas ciudades también están siendo destruidas, por cierto. Detroit ha pasado de ser algo así como la cuarta ciudad más rica del mundo a convertirse en un completo desierto en menos de 50 años. ¿Qué opinión tiene de lo que ha pasado con las ciudades estadounidenses?
Es una tragedia, y además una tragedia completamente innecesaria.

La destrucción continúa.
Sí, porque en realidad no ha cambiado nada. Ha cambiado la conversación, pero no la legislación ni el sistema de préstamos que facilita todo esto. Se ha impuesto la idea —y esto afecta incluso al New Urbanism— de que el centro comercial es un modelo válido para el centro de una ciudad. A los arquitectos de esa generación les resulta muy difícil pensar un centro de ciudad que sea propiedad de gente diferente con ideas diferentes.

Empezamos a ver cómo se retoma esa idea, sobre todo en la obra de Victor Dover y Joe Kohl.
No los conozco.

Son unos jóvenes que estudiaron en la University of Miami con Andrés Duany y Elizabeth Plater-Zyberk y fundaron su propia empresa hace unos 10 años. Tienen dos proyectos en los que han intervenido en centros comerciales vacíos, imponiendo sobre ellos un plan de calles y manzanas, y creando una serie de códigos para que pueda edificarse en las parcelas individuales, que no solo sea un megaproyecto. Sin duda, creo que es ahí hacia donde tiende el New Urbanism. Creo que estamos superando la era del megaproyecto.
Lo que creo que está sucediendo es lo siguiente. Veo lo que pasó al final de la era victoriana. La modernidad se inició realmente cuando la gente empezó a enamorarse de la idea de "estamos en el siglo xx, ¿es esto adecuado para el siglo xx?". Esto ocurrió antes de la

I Guerra Mundial, y no tenía que ver solo con los soldados. Si lees las biografías de los miembros del Círculo de Bloomsbury se ve perfectamente cómo ocurre; fue uno de los primeros lugares donde empezó a producirse, pero, en gran medida, fue una reacción contra lo victoriano, que tenía mucho de represivo y sofocante. Los edificios victorianos se asociaban a estas características y se consideraron muy feos. Aunque no fueran feos, la gente los volvía feos; estaban espantosamente pintados.

Puedo entender que cosas como los edificios al estilo de Henry Hobson Richardson —esos mazacotes de arenisca roja— asusten a la gente. Sin embargo, al verlos hoy, lo que pensamos es: "Madre mía, hoy sería imposible encontrar unos albañiles tan hábiles como para hacer este tipo de trabajo". Parece increíble, sobrehumano.

Sí, pero era oprimente, especialmente la casa victoriana, y eso que muchas de ellas no lo eran por sí mismas. A menudo eran casas muy aireadas, como de cuento de hadas, y estaban ornamentadas, pero se asociaban a toda esa pomposidad.

Bueno, la familia era como una institución. No se podía ir a comprar queso envasado a una tienda. Si querías un bizcocho, tenías que hornearlo tú mismo, o tener a un cocinero que te lo hiciera. Esa época me fascina, esa época justo antes y después de la I Guerra Mundial. Yo sigo volviendo a la idea de que para la civilización occi-

dental representa una especie de crisis nerviosa. Había muchas esperanzas puestas en que siglo XX fuera la siguiente edad de oro, y todas esas esperanzas acabaron hechas trizas.

¡Vaya si se hicieron trizas! Teníamos la Liga de las Naciones, y, bueno, aquello iba a ser un mundo maravilloso.

Usted ha sido particularmente dura con Ebenezer Howard y Patrick Geddes y con el movimiento de la ciudad jardín de principios del siglo XX. En cierto modo, fue otra de esas ideas realmente malas que fascinaron a mucha gente inteligente, entre ellos a Lewis Mumford, quien sucumbió totalmente.

Vaya que sí.

Creo que esa confusión casi absoluta de la cultura estadounidense sobre qué es ciudad y qué es campo es tanto una causa como un síntoma de nuestro problema. Qué es rural y qué es urbano. Para nosotros, todo es un gran batiburrillo y no somos capaces de diseñar teniendo en mente esa distinción.

Lo que tenía la ciudad jardín de idea verdaderamente mala es eso: coger una hoja en blanco y crear un mundo nuevo. Eso es artificial; no puedes hacer un mundo nuevo sin el viejo. Mumford se enamoró de esa idea y de aquella actitud que promulgaba "esto es el siglo XX"; la idea de que podías desechar el viejo mundo y crear uno nuevo. Esto es lo que tenía de malo el movimiento moderno.

Por cierto, ¿conoció a Mumford?
Sí.

¿Tenían buena relación o eran adversarios?
En lo que a mí respecta, teníamos buena relación. Fue muy gracioso. Él se puso completamente furioso con mi libro *Muerte y vida de las grandes ciudades*. Pensaba —aunque yo nunca le di motivos— que yo era como su protegida o discípula, creo que porque creía que todos los jóvenes con los que se llevaba bien eran sus discípulos.

¿Y creyó que se había vuelto contra él?
Creo que eso es lo que pensó. Él era muy buena persona. Lo conocí una vez que di una charla en la Harvard University en 1956. Fui en sustitución de mi jefe, que había tenido que irse a México, y sufrí un ataque de pánico escénico tremendo. Yo había decidido que nunca daría una charla, porque me costaba muchísimo, pero en la oficina me informaron de que tenía que dar una de diez minutos en Harvard. Les dije que no lo haría, pero el editor jefe me dijo que tenía que hacerla, así que le dije: "Vale, lo haré, con la condición de hacer lo que yo quiera".

Así que di la charla y lo que hice fue atacar la Urban Renewal. Mumford estaba entre el público. Para mí fue algo dificilísimo. Ni siquiera tengo el recuerdo de haberla dado. Fue como si entrara en un estado de hipnosis y dijera las cosas que había memorizado. Y luego me senté y parece ser que fue un gran éxito porque no habían escuchado antes a nadie decir aquellas cosas. Y por esa charla Holly Whyte me pidió que escribiera aquel artículo para *The Exploding Metropolis*.[2] De cualquier modo, Mumford estaba entre el público y me recibió de forma muy entusiasta. Yo estaba hipnotizada, pero parece ser que los había hipnotizado a ellos también, pues yo creía en lo que decía.

Pero después, unos años más tarde, ¿Mumford la atacó?
Coincidí con él varias veces más y todo fue muy amistoso. Yo tenía mis dudas sobre él, pues habíamos ido en coche juntos a la ciudad y había visto cómo actuaba tan pronto como nos adentrábamos en ella. Habíamos estado conversando y todo había sido muy agradable, pero en cuanto empezamos a entrar en la ciudad, se volvió desagradable y reservado y se estresó. Estaba clarísimo que aborrecía la ciudad y aborrecía estar en ella. Y yo pensaba que eso era lo más interesante.

Tengo la impresión de que el Manhattan en el que vivió Mumford en su edad mediana —e incluso en el que usted vivió en su juventud— debía de ser un lugar tremendamente abrumador, un Nueva York nunca visto, como una gigantesca máquina opresora. Yo mismo crecí allí. Nueva York es despóticamente mecánico, no todo es como Greenwich Village. Independientemente

---

[2] Se refiere al texto: Jacobs, Jane, "Downtown Is for People", en Whyte, William H. (ed.), *The Exploding Metropolis*, Doubleday, Garden City, 1958 [N. del Ed.].

de los desacuerdos que Mumford tuviera con usted, lo considero un escritor maravilloso, preciso y lúcido.
Era un muy buen escritor y, como sabes, tenía muchas ideas buenas.

Pero también era prisionero de esa idea de principios del siglo xx de que el mayor enemigo de las ciudades son la densidad y los atascos.
Claro, reducir las ciudades y dispersarlas por el campo. Y, respecto a tu pregunta sobre cómo la gente inteligente también es producto de su tiempo y lugar: es totalmente cierto, y Mumford estaba muy condicionado por su época y su lugar, igual que todo el mundo.

Mumford llamó a la era victoriana la "década marrón". Podría haber sido un concepto de Edith Wharton o de Henry James, pero es claramente una imagen oscura.
Te permite hacerte una idea de lo opresiva que resultaba. Hubo una o dos generaciones que acusaron enormemente esta sensación. Todo lo que vertebraba su visión del mundo era una reacción contra lo victoriano y todo lo que se le asociaba. No tuvieron piedad alguna con aquello.

El urbanismo *per se* sigue estando completamente desprestigiado en Estados Unidos. La única solución que solemos aportar a nuestros fracasos urbanísticos es lo que yo llamo "tiritas de naturaleza": las fantasías paisajistas, el mantillo de cortezas, los arriates de enebro para ocultar los muros ciegos de los edificios posmodernos,

los arcenes, las zonas de amortiguación y todo el resto de los trucos de la industria del paisajismo. En cierto sentido, me parece que esto viene de la idea de la ciudad jardín, según la cual, en algún momento a principios del siglo xx, decidimos que la ciudad no era algo bueno y que básicamente teníamos que sustituirla por el campo.
No, había mucha gente que no sentía rechazo por las ciudades. Mis padres estaban encantados de vivir en una ciudad. Mi madre era de una ciudad pequeña y mi padre venía de una granja. Ambos consideraban que las ciudades eran lugares mucho mejores para vivir, y nos contaron por qué. Y un montón de gente de todas clases creía eso mismo.

Es evidente que las ciudades estadounidenses están, en su mayor parte, abandonadas, vacías, descuidadas y, en muchos casos, en un estado de decrepitud considerable.
Es cierto. Esa es la imagen de la ciudad que tiene la mayoría de los estadounidenses.

Mañana voy a St. Louis, ciudad que es como el paradigma del agujero de donut.
Totalmente, y eso se hizo a propósito. Casi todo el centro de la ciudad fue arrasado, y levantaron el arco aquel.[3] Habían decidido que toda la zona comercial era un barrio marginal.

---

3 Se refiere al Gateway Arch, acabado en 1965, obra del arquitecto Eero Saarinen [N. del Ed.].

Me gustaría hablar de economía, otro de sus principales intereses, y creo que tal vez no se le haya prestado la atención que merece en su carrera. Me interesan también las teorías de sistemas, pero en especial las que abordan los grandes errores de la civilización. Me parece que la organización de la vivienda en Estados Unidos, el "fiasco de suburbia" —como lo ha llamado Léon Krier—, se está acercando a una suerte de punto de inflexión más allá del cual podría ser difícil continuar. Mi teoría es que no hace falta que lleguemos a quedarnos sin gasolina para poner en grandes aprietos a lugares como Houston, Phoenix, San José, Miami y Atlanta. Lo único que hace falta es una inestabilidad crónica entre leve y moderada del mercado global del petróleo. Mi sensación es que vamos como sonámbulos hacia un choque de trenes en términos económicos y políticos.

Sé que las cosas no van a seguir como están ahora. Quienes intentan predecir el futuro extrapolando en línea continua lo que ya existe siempre se equivocan. No estoy diciendo cómo será, pero no va a ser igual. Es como la continuación de lo que estaba contando antes sobre la revuelta contra lo victoriano. Ahora vienen una o dos generaciones que, directamente, no soportan lo que han hecho las generaciones anteriores, y, por las razones que sean, quieren borrar sin piedad los rastros que queden. No suelo pensar en ello como un choque de trenes en términos económicos o políticos, pero sí como una de esas grandes revueltas generacionales que se avecinan. Creo que parte de la creciente popularidad del New Urbanism no se debe simplemente a que sea tan racional, ni tampoco a que a la gente le importe mucho lo comunitario (o que lo entienda siquiera), ni a la relación entre tendencia expansiva y destrucción del mundo natural. Se trata simplemente de que no les gusta lo que tienen a su alrededor, y no van a tener piedad con ello.

Me pregunto si será necesario que sobrevenga una crisis económica para que la mayoría de los estadounidenses reconsidere su modo de vida.
No creo que sea algo tan racional, la idea de que esto es insostenible. No creo que sea esa la razón. De pronto, no pueden ni ver aquello que hicieron las generaciones anteriores. Tampoco había razón alguna para que se produjera aquella reacción contra lo victoriano tal como se produjo.

En *Muerte y vida de las grandes ciudades* fue un poco dura con el movimiento City Beautiful, aunque personalmente, si repaso lo que hicieron, veo que los meros artefactos que produjeron eran simplemente alucinantes. Algunos de los mejores edificios de apartamentos de Nueva York y las mejores casas unifamiliares de Estados Unidos son producto del renacimiento estadounidense. La mera excelencia de su legado es asombrosa.
Sí, pero también tenía aquel peso autoritario contra el que empezó a rebelarse la gente. Creo que las cosas cambiarán solo por el mero hecho de que la gente llega a aburrirse mortalmente de lo que ya conoce.

Usted dice de sí misma que no es una pensadora teórica o abstracta. En términos prácticos, existe una cosa llamada la Curva de Hubbert, la curva de agotamiento del petróleo, que dice que vamos a alcanzar un pico de producción mundial y que, a partir de ahí, caeremos por la resbaladiza pendiente de la falta progresiva de petróleo, porque este será más difícil de extraer, o su extracción resultará menos económica. No hay duda de que esto está ocurriendo en diferentes regiones y partes del mundo. Los dos lugares del mundo que básicamente nos han salvado el culo durante los últimos 20 años han sido la región del North Slope, en Alaska, y los campos petrolíferos del Mar del Norte. Se prevé que estos alcancen su punto álgido de producción aproximadamente el próximo año, tras lo cual su producción disminuirá, y después la mayoría del petróleo del mundo estará producido por gente que nos odia. ¿Cómo nos afecta esto en términos económicos?

Bueno, verás, llevo toda la vida escuchando que el petróleo se va a agotar, y nunca pasa. Siguen descubriéndose nuevos campos petrolíferos. Al parecer, el mundo está flotando sobre campos de petróleo.

Bueno, es posible que mi propuesta sea una falacia, pero ¿y si no lo fuera?
Básicamente, no creo que nuestro modo de hacer las cosas dependa de un único recurso como el petróleo. Podría haber otros tipos de motores para los coches. Creo que la calefacción por energía solar y eólica podría sustituir muchos usos del petróleo. Me gustaría

ver que todo eso se pone en marcha porque, en cualquier caso, es más sostenible, pero no creo que quedarnos sin petróleo vaya a suponer una dificultad tan grande. Creo que tenemos que encontrar algo que nos rescate, o si no sí que nos vamos a caer de verdad por la pendiente resbaladiza.

Y si no es el petróleo, ¿qué es lo que nos pone en peligro entonces?
No creo que sea una sola cosa. No hay nada que la historia haya dejado tan claro como que las cosas nunca ocurren por una sola razón. Parece ser que hay muchas cosas que confluyen para provocar los grandes cambios, y creo que, en este caso, una de ellas es una reacción contra la modernidad y todo lo que tiene que ver con ella.

Pero ¿no podemos librarnos de todo eso?
Eso es lo siguiente. No creo que vayan a salvarnos las nuevas urbanizaciones construidas con los principios del New Urbanism. Todo eso será para bien y yo me alegro mucho de que la gente del New Urbanism esté educando a los estadounidenses. Pienso que cuando eso se asiente y puedan eliminarse un buen número de viejas normativas, que es lo que está retrasando el asunto, habrá un largo período de cambios de uso que, en gran medida, será improvisado y desordenado, y no estará a la altura de las ideas de diseño del New Urbanism, pero sí a la altura de gran parte de su otra filosofía. De hecho, si no se produce un proceso de cambios

de uso popular e improvisado, los barrios marginales no cambiarán nunca. Solo puede ocurrir de ese modo, y creo que así lo hará.

Yo siento una gran admiración por el New Urbanism. Su tarea más difícil son los cambios de uso en las zonas urbanas.
Pero si hay algo en lo que nadie está pensando ahora es en eso.

Creo que un gran porcentaje de las zonas suburbanas residenciales se convertirán en los barrios marginales del futuro. Algunas serán rescatadas y otras no. En su libro *Las ciudades y la riqueza de las naciones* usted se centró en el "proceso económico maestro" denominado "sustitución de importaciones". La idea de que una ciudad y su región solo podrán prosperar si, con el tiempo, son capaces de autoabastecerse de muchos de los bienes y servicios que anteriormente importaban. Por ejemplo, el auge de Estados Unidos como una gran nación comercial a fines del siglo XIX fue resultado directo de que nuestras ciudades empezaran a fabricar las herramientas, las máquinas y los bienes manufacturados que antes obteníamos de Europa. Con el último modelo de la llamada economía global, nos hacen creer que la sustitución de importaciones ya no tiene importancia, hasta el punto de que la gran mayoría de los productos que se venden en Estados Unidos se fabrican en otros lugares. ¿Es esta una situación peligrosa?
[*risas*] Creo que hay una situación más peligrosa: la

estandarización de lo que se produce o reproduce en todas partes. Puede verse en los centros comerciales de todas las ciudades, que cuentan con las mismas cadenas, con los mismos productos. Esto llega incluso más allá del problema de la sustitución de importaciones, porque significa que todas estas cosas nuevas no son de producción local, cosas que pueden suponer mejoras o ser distintas en algún sentido. Hay una uniformidad, y esa es una de las situaciones que están aburriendo a la gente, la uniformidad. Esta uniformidad tiene implicaciones económicas: de ella no puedes sacar productos y servicios nuevos, lo que significa que de alguna manera se aborta la oportunidad de que florezcan todos esos miles de flores.

Ahora mismo hay un millón de flores floreciendo en China. No sé usted, pero yo cada vez que cojo un producto veo que está fabricado en China. No es que esté en contra de los chinos, pero lo lleva a uno a preguntarse cuánto tiempo podremos seguir manteniendo una civilización avanzada sin producir nada más. ¿Podremos?
No lo creo.

Creo que lo que estamos haciendo es comprarles muchas cosas a terceros acumulando una deuda sin precedentes. Eso solo puede mantenerse durante un tiempo limitado.
Pero tampoco nos comportamos como unos completos idiotas con todo esto. Por ejemplo, no fabricamos

nuestros propios ordenadores; se fabrican principalmente en Taiwán, pero no están diseñados allí.

Les entregamos los planos y ellos nos fabrican las cosas.
Sigue habiendo una gran cantidad de estadounidenses inteligentes, ingeniosos y con mentalidad constructiva que siguen haciendo cosas inteligentes y constructivas. ¿Qué es más necesario, ser capaz de diseñar un ordenador o de fabricarlo? Creo que ambas cosas. Creo que la especialización es fatal, y hay todo tipo de ejemplos que nos han demostrado que cuanto más diversas sean las cosas que sabemos hacer, mejor. Pero no creo que sea posible deshacerse de las cosas constructivas e ingeniosas que está haciendo Estados Unidos y decir: "Bueno, ya no estamos haciendo nada, estamos viviendo de lo que fabrican los pobres chinos". Es más complicado. Tenemos el ejemplo de Detroit, que, como has señalado, fue en tiempos una ciudad muy próspera y diversa, y mira lo que ocurrió cuando empezó a especializarse exclusivamente en el automóvil. Fíjate en Manchester cuando se especializó en esos oscuros molinos satánicos de la industria textil. Supuestamente iba a ser la ciudad del futuro.

En Estados Unidos tenemos una gran cantidad de lugares que ya no están especializados en nada y que no producen nada en particular.
Bueno, mejor eso que especializarse.

Pienso en la región donde vivo, que es una especie de "cinturón del óxido" en miniatura del estado de Nueva York, una sarta de ciudades en las que la actividad económica ha desaparecido por completo. En realidad, Utica ya no existe; Amsterdam, Glens Falls o Hudson Falls, del estado de Nueva York, han dejado de existir. Han desaparecido. Y me pregunto si será igual en el resto de Estados Unidos.
Nunca subestimes el poder de regeneración de una ciudad.

Vale, eso es cierto.
Y las cosas no están tan mal en todas partes como lo pintas. Por ejemplo, en Portland están ocurriendo muchas cosas constructivas.

Yo diría que Portland está en bastante buena forma en comparación con muchas otras ciudades estadounidenses, pero tampoco es que sea Francia.
No, no lo es, pero Estados Unidos tiene muchas cosas que, a su manera, funcionan mejor que en Francia.

Me estoy deprimiendo a mí mismo. ¿Hay otras partes del mundo, en Europa o donde sea, que le gusten o que admire en particular?
Me gustan bastante los Países Bajos. Mi marido y yo pasamos cuatro semanas viajando por allí porque fui a dar unas charlas que me pagaron, y nos gastamos aquel dinero viajando.

¿Y qué es lo que le hizo tilín?
En realidad, la inmensa diversidad que existe en un perímetro muy pequeño. La escala humana de todo y su densidad está muy por encima de lo que acostumbramos a ver en América del Norte o en cualquier otro lugar. Densidad alta y escala humana no son en absoluto incompatibles.

¿Qué opinión tiene de París?
No he pasado mucho tiempo allí. Solo he hecho visitas cortas, pero lo que he visto es encantador, claro. Y no dejaba de tener la sensación de que ya había estado allí antes. Era porque lo había visto en cuadros, todas esas esquinas triangulares.

El urbanismo es enormemente riguroso, pero, tal como he dicho a veces en broma al público de mis charlas, no he visto a nadie que vuelva de París y se queje de la uniformidad de sus bulevares.
No, son interesantes, y bonitos.

¿Qué opinión tiene de Londres?
Tengo cierta ambivalencia, como me pasa, en general, con toda Inglaterra.

¿En serio? ¿Qué problema le ve?
No puedo soportar su sistema de clases. Hace años que no voy, aunque me han invitado a menudo, pero es que no tengo ganas de volver. Por lo que he podido ver, socialmente hablando es como una pieza de mu-

seo del feudalismo. Los ingleses no me caen muy bien, pero adoro Irlanda.

Irlanda es un caso un tanto extraño, un país miserablemente pobre durante siglos que, de pronto, por primera vez en su historia cuenta con una clase media. Bueno, una de las consecuencias, claro, es que hay un gran número de buses turísticos alemanes congestionando sus calles y carreteras.

Sí, sin duda. Pero es un sitio encantador, con gente encantadora. Quizás mi antipatía hacia los ingleses tiene que ver en parte con cómo han tratado siempre a los irlandeses, y en qué estima los siguen teniendo.

¿Ha estado alguna vez en Sudamérica o en México? Yo estuve en Ciudad de México hace un par de años. Increíble. ¿Qué te pareció?

El mayor cenicero del mundo, y un horror ecológico, en el mismo suelo. He de admitir que también es un horror social. Fui a visitar los suburbios de Chalco, donde viven más de un millón de personas en casas hechas de cajas y con el suelo de barro. Se trata de una zona del valle de México que tiene muy mala hidrología y todas las aguas residuales de Ciudad de México se filtran hacia esa parte de los barrios de chabolas, y en la temporada de lluvias la gente camina entre el lodo, y cuando se seca, se convierte en enfermedades que se transmiten por el aire. Es un lugar bastante horrible. ¿Hay algún otro lugar del mundo por el que sienta preferencia?

Me gustó lo que vi de Italia, que no fue mucho. Por supuesto, me encantó Venecia. Me gusta Dinamarca. No debería decir Dinamarca, porque el único sitio en el que he estado es Copenhague.

Los europeos parecen tener la vida urbana en mayor consideración que nosotros, y estar mejor avenidos con ella. ¿Cómo lo explicaría?
Bueno, habría que volver a algo que ni entiendo ni puedo explicar, que son aquellas histerias que se extendieron por Estados Unidos. Supongo que por Europa se extendieron formas distintas de histeria, pero no de este tipo.

Ellos tuvieron a Adolf Hitler y nosotros a Ed Logue.
Así que somos afortunados.

Cada vez que pienso en las ciudades italianas me viene a la mente un lugar hecho casi por completo de mampostería, una pequeña mancha de color, un geranio o una petunia, o una flor, y eso saben hacerlo con tanta belleza…
Esos pequeños puntos de vegetación y color hacen mucho.

Sí, no necesitan poner un arcén ajardinado de 30.000 dólares, con enebros y palmeras.
También está Lisboa, una ciudad muy pobre en muchos aspectos —o al menos lo era cuando la visité, y supongo que sigue siéndolo— que tiene muchas cosas encantadoras e interesantes.

¿Ha estado en Las Vegas?
No, no he estado. Mi marido fue a una convención y me hizo un buen informe.

Yo estuve allí cinco días y me dieron ganas de ahorcarme. De hecho, pagué un suplemento para cambiar el billete de avión y salir un día antes. Es bastante horroroso.
Me gusta Japón.

Hábleme de Japón.
Estuve allí en 1972, así que todo lo que pueda decirte estará desfasado. Pero lo que acabas de decir sobre esa flor, ese árbol solitario..., bueno, los japoneses son unos virtuosos de eso. Saben poner ese pequeño acento que lo cambia todo. Hay tantas cosas tan bonitas allí..., un simple escaparate es una obra de arte. Esa forma que tienen de hacer todo tipo de cosas de bambú es tan ingeniosa, y la forma en que un pequeño desagüe de bambú o un pestillo pueden ser tan bellos. Los muros de mampostería que sostienen la orilla a ambos lados de los arroyos son hermosos, y no son todos iguales, no son solo de cemento.

¿Cuándo falleció su marido?
En 1996, hace cuatro años.

¿Cómo lo ha llevado?
Bueno, lo echo de menos, claro. Me alegro de ser una persona trabajadora; quiero decir que me sigue inte-

resando mi trabajo, no he perdido el interés por la vida ni nada de eso. Además, están mis hijos y otros miembros de la familia con los que tengo una relación muy cercana.

¿Su hijo vive en la misma manzana?
Un poco más abajo. Hacia el lago. Todo está bajando hacia el lago.

Es bastante evidente que en los últimos 15 o 20 años ha dejado atrás el urbanismo y se ha pasado a la economía. ¿En qué está trabajando ahora?
Ahora mismo no estoy trabajando en ningún libro, porque me hace posponer otros temas. Cuando intento centrarme en escribir un libro me vuelvo absolutamente tajante, a mi manera, con no hacer nada más. Tengo que centrarme en ello y concentrarme, así que pospongo todas las demás cosas que debería haber estado haciendo. Ahora estoy intentando ponerme al día. Trato de seguir siendo una ciudadana activa aquí, y hago lo que puedo.

¿Hay alguna idea que le interese en particular o a la que dé vueltas en su cabeza, más o menos como fue amasando la idea de la sustitución de importaciones hace 20 años, o como desarrolló *Systems of Survival*? ¿Hay alguna idea en particular que le atraiga especialmente estos días?
Me interesa, por ejemplo, el tema de por qué el tiempo es un enemigo tan potente de los barrios estadou-

nidenses —qué cosas concretas se ven amenazadas por el paso del tiempo actualmente— y cómo podemos convertir el tiempo en un aliado.

¿Lo que sugiere es que en general los barrios estadounidenses no se regeneran a sí mismos?
Creo que tienen un historial muy pobre en lo que tiene que ver con el tiempo.

¿Cómo le ha ido a Greenwich Village en los 50 o 60 años que hace que conoce el barrio?
Pues le ha ido muy bien. Si a otros barrios de la ciudad les hubiera ido igual de bien, no habría ningún problema en las ciudades. En este momento hay muy pocos barrios, por lo que la oferta no satisface la demanda, así que se están limitando a gentrificarlo todo del modo más ridículo. Están amontonando a todo el mundo, excepto a la gente que tiene una cantidad exorbitante de dinero, lo que es un síntoma de que la demanda de este barrio ha superado con creces la oferta.

Nunca he entendido por qué Harlem no fue rehabilitado; yo fui al instituto allí, en la calle 135.
Está empezando a hacerse. Por lo que leo y escucho, está empezando a gentrificarse, pero me alegra ver que quienes están liderando la gentrificación son profesionales, familias y artistas negros. Sería una lástima que les quitaran el barrio.

Cuando era niño, Brooklyn era como otro planeta, como Checoslovaquia: estaba muy lejos y era muy extraño. Pero ahora Brooklyn es el lugar de Nueva York al que se ha mudado toda mi generación.
Bueno, hay partes de Brooklyn que ahora son, podríamos decir, el nuevo Greenwich Village.

¿Fue Greenwich Village alguna vez un mal barrio, antes de la época en la que usted vivió allí?
Bueno, no es un barrio pequeño, de hecho es un distrito bastante grande. Y sí, había algunas partes, como la zona sur, primordialmente italiana, y antes creo que irlandesa, Carmine Street y demás, que se consideraba una mala zona. Recuerdo cuando Sullivan Street, que ahora se considera muy chic, estaba llena de niños y de viviendas pobres, así que supongo que se consideraba mala zona. El West Village también se consideraba mala zona. Por fortuna, no lo sabíamos cuando nos mudamos allí, pero en la década de 1930 había sido declarado barrio degradado, para su demolición, y creo que Rexford Tugwell —uno de los miembros del "grupo de expertos" del presidente Franklin D. Roosevelt— era el presidente del comité de planeamiento en el momento de su declaración.

[*Hojea el álbum de recortes, señala una fotografía*] Mira, ¡aquí está Lewis Mumford! [*Hay varias cartas que lo acompañan*]. Voy a leer esto para que podamos tenerlo en la grabación:

3 de mayo de 1958, Amenia, Nueva York

Querida Jacobs:

Su charla en la New School me dio la mayor de las satisfacciones, quizás porque expresó con una claridad enormemente refrescante un punto de vista que solo unas pocas personas en los círculos de urbanismo, como Ed Bacon, entienden mínimamente. Su análisis de las funciones de la ciudad es de primera categoría en términos sociológicos, y ninguno de los millones de dólares que malgasta la Ford Foundation o la "investigación urbana" llegará a producir nada que tenga la mínima fracción ni de su visión ni de su sentido común. Su análisis de la gran chapuza llamada Lincoln Center es devastadoramente justa. Yo mismo había evitado denunciarlo en el *New Yorker* porque, con mal criterio, pensé que, aun en una era tan irracional como la nuestra, un plan tan abrumadoramente inepto como ese nunca podría ir más allá de una fase de publicidad avanzada. Pero no conté con nuestra actual capacidad estadounidense para organizar y capitalizar el vacío. Debe usted de llegar a un público más amplio con sus ideas. ¿Ha pensado en publicar en el *Saturday Evening Post*? Parece que ahora aceptan contribuciones serias. En todo caso, siga insistiendo. Sus peores adversarios son los viejos confundidos que piensan que Le Corbusier es lo último en urbanismo.

    Con mis mejores deseos, atentamente,
    Lewis Mumford

P. D.: Es señorita, ¿verdad? Esta cuestión me inquieta desde que una vez me dirigí a un profesor japonés de economía doméstica como "señorita" y descubrí que era "señor".

18 de junio de 1958, Amenia, Nueva York

Querida Jacobs:

Haga siempre lo que de verdad le gustaría hacer. Hay media docena de editores que se pelearían por un manuscrito suyo sobre la ciudad, y aunque no puedo aventurar cómo lo recibiría el público, es su deber escribir ese libro. No hay nadie que tenga tantas cosas frescas y sensatas que decir sobre la ciudad y ya es hora de que se digan y se discutan, así que póngase a trabajar. Pero asegúrese de contar con un contrato una vez tenga terminados uno o dos capítulos. Yo estoy terminando ahora el primer borrador del primer volumen de mi nuevo libro sobre las ciudades, la parte histórica, y no terminaré el segundo volumen, sobre qué hacer con ellas, hasta que usted haya terminado su trabajo.

    Atentamente,
    Lewis Mumford

22 de julio de 1958, Amenia, Nueva York

En estos días, querida Jane Jacobs, tenemos motivos para temernos lo peor, tanto del Ayuntamiento como de la Casa Blanca. Supongo que la gente cree que exagero cuando digo que, si algo va a sobrevivir a esta época, retrospectivamente se la conocerá como la época de los demoledores y los exterminadores. Quizás el mayor mérito del libro que estoy escribiendo sea mostrar cómo hemos llegado a esto. Eso puede darnos alguna pista para llevar a cabo un contraactivismo constructivo, pero está muy lejos de estar terminado, porque el camino es a la vez sinuoso y difuso. Mientras tanto, saber de sus propios planes de futuro es una buena noticia. A ese maestro constructor, a diferencia del de Ibsen, le gusta oír a la generación más joven llamando a la puerta.

    Atentamente,
    Lewis Mumford

¿Cuándo empezó a atacarla?
Esta es la última, y no va dirigida a mí, sino al señor Wensburg de la Columbia University.

Estimado Sr. Wensburg:

Agradezco su cortesía al enviarme el artículo de Jacobs que, de hecho, ya había leído, pero al pedirme que haga unos comentarios, lo que me está sugiriendo es, en efecto, que un viejo cirujano emita un juicio público sobre el trabajo de una novata, confiada pero descuidada, que está operando para extirpar un tumor imaginario al que la joven ha atribuido erróneamente la aflicción del paciente, mientras que pasa por alto disfunciones importantes que sufren los verdaderos órganos. La cirugía no tiene ninguna contribución útil que hacer en esa situación, excepto coser al paciente y despedir a la chapucera.

    Cordialmente,
    Lewis Mumford

LA ÚLTIMA ENTREVISTA

2005

ENTREVISTA REALIZADA
POR ROBIN PHILPOT

Veinticinco años después de la aparición de *The Question of Separatism*[1] y diez después del segundo referéndum sobre la soberanía de Quebec, que se celebró en 1995, Jane Jacobs accedió amablemente a que le hiciera una entrevista para hablar sobre Quebec y sobre su libro. La entrevista tuvo lugar en su casa de Albany Street, en el barrio de The Annex de Toronto. Jane Jacobs habló sin reservas durante más de dos horas, con un descanso de 45 minutos para una sesión de fisioterapia por una dolencia de cadera.

---

1 Jacobs, Jane, *The Question of Separatism: Quebec and the Struggle Over Sovereignty*, Random House, Nueva York, 1980 [N. del Ed.].

¿Cuál fue la reacción de la gente a la conferencia Massey que dio usted en 1979 en la CBC [Canadian Broadcasting Corporation] y a la aparición de su libro, que se mostraba a favor de la soberanía de asociación? ¿Obtuvo el libro la cobertura que merecía en aquel momento?
Las reacciones vinieron de parte de los anglófonos. Yo soy una de ellos, y el francés se me da fatal. En realidad, prácticamente no hubo ninguna reacción. Mi marido era arquitecto de hospitales y estaba trabajando en varios hospitales de Alberta, así que le dije que tratara de averiguar qué pensaban sobre el separatismo. Volvía a casa los fines de semana y me decía: "Bueno, creo que he descubierto cuál es la opinión general con respecto al separatismo. Saqué el tema en la cafetería durante el almuerzo y todo el mundo se quedó callado. Después alguien dijo: 'Cambiemos de tema'". Lo mejor es no pensar en ello. Ni siquiera quieren debatir los pros y los contras ni la razón por la que la gente alberga ese sentimiento.

¿Podría explicar esto de la falta de reacción a su conferencia Massey y a su libro?
Es la misma actitud. No querer pensar en ello. Un tema molesto.

¿A qué atribuye esa actitud?
Es miedo. Y esto no tengo que imaginármelo, porque hubo muchos programas durante los dos referendos y su tenor general era que Canadá se desintegraría si Quebec se separaba. Así que estaba el miedo a que Canadá dejara de tener una identidad. Era una tontería, porque hay muchos ejemplos de separatismo y nada se ha desintegrado, a menos que haya habido una guerra.

¿Quiere decir que la desintegración se produce cuando se declara una guerra para oponerse a ella?
Hay muchísimos casos. El otro día me puse a contarlos y ni siquiera llegué a los de Asia central —son muchísimos y terminan en "istán"—, pero incluso sin contarlos, recientemente ha habido más de 30 desde que se planteó el tema de Quebec en 1980.

Así que tenemos que preguntarnos: ¿qué está pasando aquí? Y ¿por qué? No creo que sea pura coincidencia. Es un fenómeno muy extendido y el sentimiento es muy fuerte, y hay muchas razones por las que la gente quiere separarse. Pero ¿qué tienen en común? ¿Y de qué se trata? El mundo no suele ser así.

Al tratar de encajar lo que tienen en común y lo que no, he llegado a la conclusión de que se trata de un tipo de información que nos está dando el mundo. Aquello que tienen en común es que las unidades de gran tamaño no están siendo satisfactorias para la gente, creen que están fuera de control, y lo que parece ser su deseo común y aquello que les satisface una vez conseguido, y que les tranquiliza —cosa que ocurre si no se les lleva a una guerra— es tener su propia soberanía.

Hay que ver ejemplos. Todo el mundo, salvo los posibles estados que ejercen el control, termina muy contento con el resultado. En los Balcanes, por ejemplo, observamos la desmembración de Yugoslavia. Los únicos que no están contentos con el resultado son los serbios, porque ya no tienen el control de todos los demás, pero los eslovenos, los croatas y el resto están muy felices de ser independientes.

Así que, ¿el verdadero peligro es la voluntad de control de lo que serían los estados controladores?
Sí. Y son ellos los que declaran las guerras.

¿Considera que, en este tema, Canadá es un Estado que tiende al control?
Claro. La Canadá inglesa siempre ha querido controlar a la francesa; la conquistó, así que hagámonos cargo del hecho de que se trata de un país conquistado, y los países conquistados no suelen olvidar lo que les ha sucedido. En realidad, ni el conquistado ni el conquistador lo olvidan nunca.

Veamos, escribí sobre Noruega, uno de los primerísimos ejemplos. Tanto Noruega como Suecia se comportaron de una manera maravillosamente civilizada. Fácilmente podrían haber ido a la guerra, pues antes de 1905 las tensiones entre los países eran muy elevadas. Otro ejemplo de un caso muy temprano fue Estados Unidos, que constituyó su propio movimiento de secesión que llevó a la guerra más destructiva en términos humanos que haya vivido nunca Estados Unidos, con el mayor número de muertes. Eso no se ha olvidado, y estaba presente en las últimas elecciones de 2004. La confederación y la unión siguen existiendo. Las guerras no resuelven estas cosas definitivamente.

¿Las formas violentas o autocráticas de oposición no resuelven estas cosas?
No. Y el vencedor siempre piensa que sí, pero nunca es así.

¿Es similar la cuestión irlandesa, donde los británicos creyeron que resolverían el problema con la división de Irlanda?
Sí, y no lo resolvieron.

Ha presentado un argumento convincente sobre las similitudes entre Suecia/Noruega y Canadá/Quebec. Ha escrito: "En favor de Suecia hay que decir que le honra no haber prohibido, ni entonces ni después, el Storting [el parlamento noruego] y que no intentó suprimir sus elecciones, nunca trató de censurar sus debates ni interferir en sus comunicaciones con el pueblo noruego, y no envenenó la vida política de los noruegos con espías

ni policía secreta ni la corrompió a base de sobornos e informadores". ¿Podemos decir lo mismo de Canadá?

¡No! Veamos. Respecto a esas acusaciones no se puede apuntar a Suecia, pues no intentó prohibir la constitución ni sabotear el acuerdo que se pretendía lograr. De Canadá no puede decirse eso. Todo conato de revuelta por parte de Quebec fue comprado —en buena medida a base de corrupción, algo que no es nuevo—[2] o reprimido de alguna otra manera. Muy a menudo se hizo tratando de socavar la confianza en sí mismos de los quebequenses, y lo lograron. Eso es justo lo que hizo el primer ministro canadiense Pierre Trudeau, este fue su método. Por desgracia, el primer ministro quebequense René Lévesque tenía tan poca confianza en Quebec y en el propio pueblo que se lo creyó y dijo: sí, la verdad es que podría suponernos la ruina económica.

¿Entonces Lévesque picó por falta de confianza en el pueblo de Quebec?

Sí, y también porque no entendió los motivos por los que las cosas entran en crisis, que a menudo es por

---

2 Esta entrevista se realizó poco después de que tuvieran lugar las audiencias públicas de la Comisión de Investigación del Programa de Patrocinio y Actividades Publicitarias, conocida como Comisión Gomery. El "escándalo del patrocinio", que golpeó al gobierno de Canadá liderado por Jean Chrétien, reveló el desvío de millones de dólares hacia Quebec para promover una "identidad canadiense" por encima de la identidad quebequense. Los líderes del Partido Liberal de Canadá y las agencias de relaciones públicas vinculadas con él también habían articulado todo un sistema de corrupción para la financiación de campañas electorales.

algo muy banal. No suele haber una razón de gran peso detrás de un derrumbe económico, al menos en Occidente. La razón suele ser que los inversores del momento desean perpetuarse indefinidamente y no saben cuándo hay que parar. Eso no es posible. Así que, al final, el *boom* inmobiliario, o el del automóvil, o aquello que sea lo que ha estado tirando de las cosas, se queda sin clientes.

¿Y no han previsto una renovación o un reemplazo?
En realidad, el reemplazo no se planea, simplemente sucede; no han encontrado formas de impulsarlo. De hecho, lo que han buscado son formas de evitar la posibilidad de que este ocurra, como pasa con las compañías petroleras, que ahora van a por las arenas petrolíferas Dios sabe a qué coste. Pensemos en lo que podría suponer esa misma cantidad de dinero y de impulso si se destinara a los combustibles no fósiles. Pero no, ¡no!

Una vez estaba en una fiesta sentada junto a un tipo de Edmonton que estaba metido en el negocio de las arenas petrolíferas. Le pregunté por qué tenía tanta confianza en el tema, y me contestó que por el precio del petróleo. Seguidamente le pregunté si aconsejaría a alguien joven que se metiera en ese sector para el resto de su vida. ¿Por qué mostraba tanta confianza? Bueno, dijo, porque a China le interesa. Le contesté: ya sabe que, durante todo el siglo xx, China se ha metido en un montón de cosas equivocadas. ¿Por qué tiene tanta confianza en esto? Bueno, porque la tiene. Mantiene hacia China una actitud explotadora. Quizás no sean muy listos, pero durante un tiempo podemos sacar tajada. No lo dijo con estas mismas palabras.

¿No cree que esa confianza esté justificada?
No. Creo que los principios básicos van en contra de su éxito. El mero hecho de su alto coste de explotación no es un argumento a su favor. Va en contra de la ley de rendimientos decrecientes. Con rendimientos decrecientes, no puedes ganar dinero.

¿Su formación es de economista? ¿Qué estudios cursó?
Muy pocos. Tras acabar el instituto en Scranton, Pensilvania, no quería seguir estudiando. Estaba harta de estudiar y cada vez me rebelaba más contra ello. Mis padres me dijeron que no tenía por qué ir a la universidad. Me dijeron que habían ahorrado por si quería ir, pero que no tenía por qué ser mi intención; creo que eso estuvo muy bien. Después de cinco años trabajando, pude trabajar como secretaria porque sabía escribir a máquina sin mirar las teclas. También había terminado el instituto en febrero, así que estuve medio año en una escuela de empresariales y aprendí un poco más, la suficiente formación como para trabajar de secretaria. Así que me fui a Nueva York, también porque Scranton era una ciudad dedicada a la antracita, un carbón de buena calidad. En Nueva York había existido una legislación que indicaba que este era el único tipo de carbón que podía venderse. Durante la I Guerra Mundial desaparecieron estas regulaciones,

así que Scranton entró en crisis poco después, mucho antes de que comenzara la Gran Depresión.

¿Así que su formación es autodidacta? ¿Ha trabajado todas sus teorías y sus libros en solitario?
Y con la ayuda de otras personas.

En su reciente libro *Dark Age Ahead*,[3] hay un capítulo titulado "Titulación contra formación", donde dice que la "titulitis" ha sido algo malo para la educación porque impide que la gente desarrolle la curiosidad y el rigor intelectual necesarios para desarrollar ideas nuevas.
Sobre este tema me he ido volviendo cada vez más radical. Tengo una hipótesis completamente nueva sobre cómo se forman y se organizan las economías, las macroeconomías, y de dónde proviene este tipo de vida, pero es muy distinta de la idea estándar sobre cómo es la vida económica. Aunque ha habido gente que ha creído en ella, porque no me he inventado yo esta nueva hipótesis, a la que he llamado "desvelar la economía". Todo lo que conforma esta hipótesis está ocurriendo, está ahí mismo, y explica muchísimas cosas que, en el análisis económico habitual, simplemente se pasan por alto o se ignoran. Pero no sé... Sí, sí sé por qué lo hago; creo que la verdad es más interesante que las patrañas.

En la conferencia Massey —titulada "Las ciudades canadienses y la soberanía de asociación"— y en el libro

---

3   Jacobs, Jane, *Dark Age Ahead*, Random House, Nueva York, 2004 [N. del Ed.].

termina defendiendo la soberanía en base a su idea de cómo funcionan las ciudades. **¿Cree que se ha demostrado que era cierto lo que escribió en 1980 sobre Montreal? Afirma que la necesidad de que Montreal sea una metrópolis independiente de Toronto exige que Quebec sea capaz de funcionar de forma independiente. ¿Cree que esto sigue siendo así?**

Sí, y creo que en parte es debido a la moneda nacional. Toronto provoca oscilaciones en la moneda nacional de Canadá, a menudo en detrimento automático, sin que sea la intención de nadie, de las ciudades con las que comercia.

¿Esto se debe a que el valor de la moneda se establece en función de lo que ocurre en Toronto? Así que usted defiende una moneda para Quebec, pero teniendo en cuenta cómo van las cosas con el euro, ¿seguiría defendiéndola?

Sí, y creo que para los países de Europa occidental es un error eliminar tantas monedas para beneficio de Dios sabe quién, quizás de Fráncfort, pues al resto de los países no les va a favorecer. Europa tenía algo muy a su favor con todas esas monedas distintas. Ahí está todo el desarrollo europeo a lo largo de un montón de siglos, y sí, vale que se metieron en todas aquellas guerras y eso lo arruinó todo prácticamente por completo. También mantenían un buen número de relaciones que no tenían que ver con pelearse entre sí, sino con aprender unos de otros y ser capaces de seguir desarrollando los hallazgos de los demás.

Si estuviera en Francia, ¿votaría a favor o en contra de la Constitución Europea?[4]

En contra, pero tampoco creo que sea muy útil estar en contra a menos que se hable y se debata mucho sobre ello, para que la gente esté informada de las razones; de lo contrario, ese vacío se llenará con oscuras lógicas llenas de odio, intolerancia, etc.

La entrevistan con frecuencia en los medios de comunicación. ¿Suelen preguntarle por Quebec?
No. Prácticamente nunca. ¡Eres el primero!

Pero existen muy pocos libros en inglés que aborden el tema como ha hecho usted.
En toda mi labor de documentación, no he podido encontrar ningún libro en inglés que lo abordara.

Así que a la gente no le interesa saber cómo ha llegado a esta conclusión. ¿Conoce muy bien Montreal?
Bien no. He estado unas cuantas veces. Creo que en Quebec los periodistas sí estaban un poco interesados, pero no en el resto de los lugares.

¿Cree que con la nueva palabra de moda, "globalización", ha cambiado la situación desde la década de 1980?

---

4 El 29 de mayo de 2005, tres semanas después de la entrevista, se celebró un referéndum en Francia. El 56,8 % de los votantes votaron No a la Constitución Europea.

No. Ya sabe que la gente ignora los denominadores comunes que recorren la vida económica y aún estamos en una fase primitiva de todo esto. La globalización fue una de las primeras cosas en surgir. Hace mucho tiempo, cuando la actividad comercial empezó a recuperarse después de la Edad Oscura, tuvo un carácter muy internacional. Cerdeña vendía quesos a todas las ciudades europeas y en todos los mercados existentes; solo queso, nada más. A este tipo de lugares los llamo "regiones de suministro". Y doy un ejemplo de la fuerza tan potente que se articula cuando muchas ciudades actúan como una sola, cosa que hacen para obtener lo que quieren de una región de suministro.

Así que esta idea de la globalización en la que los mercados se internacionalizan ¿es básicamente una continuación de lo que ya estaba ocurriendo?
Sí, la globalización existe desde en torno a 1200 o así. Y ya ocurría en la era clásica, antes de la Edad Oscura.

Usted es originaria de Estados Unidos. ¿Cuál diría que será la reacción de Estados Unidos ante un Quebec soberano?
Creo que los canadienses que se temen esto pueden tener razón en la medida en que Estados Unidos tratará de aprovecharse de ello y sobredimensionarlo, y quizás asustar a los canadienses para que se avengan a sus planes. Al fin y al cabo, ahora Estados Unidos está irritado con Canadá porque no ha aceptado meterse en su guerra con Irak.

¿Así que Estados Unidos podría intentar sacar ventaja de un Canadá débil?
Podría intentarlo.

¿No lo ve como algo inevitable?
No, y si lo consigue, será solo si Canadá está tan asustada y se muestra tan dócil como para permitir que eso suceda.

He entrevistado a personas con poder político en el Canadá inglés para un libro y me han contado que Quebec no puede separarse de Canadá porque este desaparecería. ¿No da ningún crédito a esto a menos que Canadá decida desistir?
Sí, exactamente. Pero, claro, a veces los países hacen eso; deciden desistir. Creo que en mi nueva hipótesis hay cierta urgencia, pero tengo muchas dudas de que sea aceptada, y si lo es, serán razones equivocadas las que expliquen por qué se acepta. Entonces, ¿para qué molestarse?, ¿por qué interferir?

Bueno, me he visto obligada a preguntármelo. La gente común es capaz de hacer cosas maravillosas en el ámbito económico sin ser siquiera conscientes de ello. El paso siguiente no está planificado, simplemente parece que sucede, casi sin planearlo.

Quisiera que se entendiera, y cada vez más con el tiempo, que todos nuestros logros económicos humanos los ha desarrollado la gente común, no una serie de personas con una formación excepcional, ni las élites, ni unas fuerzas sobrenaturales, ni Dios. Sin embargo, cuando esto no se entiende, la gente es muy proclive a aceptar la idea de que no lo pueden conseguir, ni ellos mismos ni cualquier persona que conozcan, porque son demasiado normales y corrientes.

¿Es la propia imagen que tienen de sí mismos la que les impide ver que pueden hacer algo?
Sí.

¿Cree que esto es lo que le pasó a René Lévesque, que le faltó confianza en lo que podía lograr con los quebequenses?
Sí.

En su libro *Dark Age Ahead*, habla también del carácter subsidiario y de rendición de cuentas fiscal. ¡Temas interesantísimos! También serían argumentos a favor de la soberanía de Quebec.
Totalmente. Fijémonos en cómo la incapacidad de hacerse cargo de la Comisión Gomery y del escándalo de patrocinio y de resolverlo de un modo civilizado está corrompiendo todo el país.

Una forma en la que el Canadá inglés, o las autoridades inglesas, o las autoridades atemorizadas que manejan Quebec, han tratado de hacer que todo esto se diluya, y decir que ya está solucionado, aunque obviamente no lo está, es intentar comprar a Quebec. Parece que esa es la forma más prometedora, más que el uso de la fuerza. Como ya he dicho, Trudeau consiguió hacerlo bastante bien: olvidémonos de la soberanía, y digámosles que el interés está en otra parte, el interés económico.

En gran medida, se trata de comprar a Quebec. Cuando alguien compra a la gente, y sobre todo cuando trata de cambiar sus principios más profundos al comprarlos, todo se corrompe enormemente de forma automática, por la propia naturaleza de la transacción. Los tienen que engañar sobre lo que les está pasando.

Un amigo mío que ha estado yendo a Montreal en viajes de negocios y ha visitado algunas de las sesiones de la Comisión Gomery dice que resulta muy instructivo observar a los quebequenses y comprobar lo furiosos que están. Tienen el semblante muy serio; no les está gustando nada, están muy enfadados. Me pregunto qué es lo que les enfada tanto. Pues darse cuenta por primera vez de que les han estado timando continuamente.

¿Está de acuerdo en que lo que el Partido Liberal ha estado haciendo con los fondos de patrocinio no es de ningún modo un asunto trivial?
Sí, esa ha sido y sigue siendo su política, y seguirán haciéndolo. Es todo lo que saben hacer. Y hasta puedo ver cuál será el camino.

¿Cuál será?
Pensará que estoy loca, pero creo que el gobierno federal, que requiere de mucha generosidad para este tipo de cosas —y no puede contar demasiado con obtenerla en cantidades ilimitadas fuera de Toronto—,

tiene una nueva idea, y se la diré sin tapujos y luego le cuento lo que creo que muestran las pruebas.

Creo que está preparando un plan nacional de economía de casino. Las pruebas de esto: bueno, en primer lugar, son todos rumores. Aquí tuvimos una gran disputa que acabó con un cambio de alcalde, sobre si había que urbanizar la Isla de Toronto y construir un puente. No tenía sentido ni en términos económicos ni de movilidad, pero el gobierno federal podía hacerlo, porque la autoridad portuaria es suya, una autoridad absurda.

Había cosas útiles que podía hacer en términos económicos: por ejemplo, un punto de atraque para un ferri desde Rochester, pero esta idea se trató como algo desdeñable. No hay conveniencia, comodidades ni respeto, algo bastante extraño. ¿Por qué mantener esa actitud para, seguidamente, intentar meter dinero en la isla y en el puente? Se dice que nunca hubiera sido rentable como plan de movilidad, pero que la idea era que aquel era un buen sitio para construir casinos, y el aeropuerto formaría parte de todo eso. Los visitantes que vinieran a jugar podrían llegar allí directamente del aeropuerto y aquello sería una mina de oro. La gestión sería del gobierno federal, en aguas internacionales: la autoridad portuaria tiene todo el control legal que necesita. Ello daría dinero para comprar a Quebec y para otros fines, para lo que sea que el gobierno federal necesite dinero, mucho dinero. Y al mismo tiempo, en la Columbia Británica hay un plan de transporte, que es ridículo y va totalmente en contra de lo que el actual primer ministro ha dicho anteriormente acerca de una autopista y de las autopistas en Vancouver. Así que ha habido mucha presión.

¿En qué está trabajando ahora?
El título de mi próximo libro será *Uncovering the Economy* [Desvelar la economía] y el siguiente tendrá que ser un libro breve y realmente divertido de escribir: *A Sad but Short Biography of the Human Race* [Una triste pero breve biografía de la humanidad].[5] No es que prevea que la evolución vaya a ser corta, será larga, pero hasta ahora ha sido breve, y estamos mucho más cerca de donde empezamos de lo que creemos. Nos creemos muy avanzados.

Creo que estaba diciendo que nuestra economía no ha cambiado desde el principio y que no hay duda de que la globalización no es algo nuevo.

¿Por qué cree que los economistas, los políticos y la gente pública insisten tanto en la palabra globalización? Es un cambio radical en el discurso.

Les encanta pensar que las cosas han cambiado y que así pueden olvidar todos sus errores y no tener que explicarlos: bueno, por la globalización, internet, etc.

¿Cree que el efecto de internet es unir o separar a las personas?

---

5 Ninguno de estos dos títulos llegó nunca a publicarse, pues Jacobs murió en 2006 [N. del Ed.].

A algunas las acerca, pero a otras las separa, igual que el lenguaje, igual que otros tipos de comunicación. Y no es ni de lejos algo tan revolucionario como el propio lenguaje.

¿Se puede comparar a la imprenta?
No creo que sea tan importante. Basta pensar en lo que supuso la imprenta para las comunicaciones y la rapidez con la que ocurrió. Creo que en Viena aparecieron 60 nuevos editores en un instante, y esto no lo había planeado nadie. Es uno de estos cambios gigantescos que parece ocurrir cuando llega su momento. Cuando la gente común empieza a hacer algo, realmente no sabe que ese algo está sucediendo.

A qué se refiere al decir que "los datos anecdóticos son los únicos datos reales".
¿Qué otro tipo de datos hay? Para la economía existen los datos estadísticos, pero ¿en qué momento se interesa tanto la gente como para ponerse a hacer estadísticas? Si no contabilizas las cosas, no las tienes. Ese es el problema. No ha habido interés suficiente en contabilizar las cosas que había que contabilizar.

¿La gente no contabiliza lo que hay que contabilizar?
Exacto, porque no les interesa. Solo llegan a interesarse a partir de datos anecdóticos, los únicos datos que existen hasta que la gente empieza a interesarse.

Y hasta los datos estadísticos se basan en anécdotas, porque estos se basan en la historia de alguien que está haciendo algo...

Y sea lo que sea, puede ser algo muy tenue, algo que los economistas ya están haciendo, como contabilizar el dinero en circulación. Pero ¿por qué les interesa? Alguna anécdota habrá despertado su curiosidad.

Actualmente, en economía y ciencia políticas, todo se sostiene a partir de encuestas. ¿No le parece que eso contradice lo que usted afirma sobre la importancia de los datos anecdóticos? La gente se apoya en la última encuesta para demostrar lo que sea.

Según el tipo de pregunta que se haga, las encuestas pueden manipularse, pero antes hay algún dato anecdótico que ha despertado la curiosidad necesaria para hacer la pregunta. El 61 % de los canadienses cree que bla-bla... ¿De dónde sale la idea del bla-bla? ¿Del creador todopoderoso? Sale de cosas que cuenta la gente.

En su libro *Dark Age Ahead* trata con severidad las consecuencias de la ola de calor de Chicago.[6]

---

6 En *Dark Age Ahead* (*op. cit.*), Jane Jacobs contrasta un informe oficial cuyos "hallazgos son más que inútiles" sobre el alto número de fallecimientos entre los ancianos pobres de Chicago durante una ola de calor, con el estudio de un joven graduado de sociología, Eric Klinenberg, que luego publicó un libro titulado *Heat Wave. A Social Autopsy of Disaster in Chicago* (University of Chicago Press, Chicago, 2002). Según Jacobs, Klinenberg "habla con nuevas verdades extraídas del mundo real".

El tipo que hizo el estudio sobre el desastre de Chicago lo hizo todo basado en datos anecdóticos. Cuando empezaron a compilarlos, los datos estadísticos existentes eran incorrectos. Solo ruido.

¿No hicieron las preguntas adecuadas e intentaron demostrar algo de modo que les permitiera echar la culpa a las víctimas?
Nunca he recibido ningún comentario sobre eso, y creo que esa historia de Chicago es bastante reveladora. El problema en Chicago se debió a la "titulitis". Se prescribió y era una prescripción incorrecta, pero todas las personas que hicieron aquel estudio tenían su título.

Los partidarios del sí hicieron campaña en el referéndum de Quebec de 1995 con el lema "Vota sí y será posible". Había símbolos e imágenes de la paz, trabajo, flores o un mapa del mundo que representaban aquello que iba a ser posible. En su opinión, ¿qué sería posible si Quebec fuera soberano?
Bueno, ahora hay muchas cosas imposibles para los municipios, las zonas suburbanas y sus agrupaciones. Serían posibles porque tendrían más autoridad, la misma que tiene ahora una provincia.

Si Quebec fuera soberano, ¿Montreal y la ciudad de Quebec tendrían más poder?
Sí, veamos, se eliminaría todo un nivel de gobierno, habría un nivel menos. La municipalidad se convertiría en el segundo nivel.

Uno de nuestros problemas actuales es que intentamos que municipios completamente distintos entre sí actúen como si fueran el mismo tipo de criatura, con el mismo tipo de posibilidades. Esto no funciona así. Algunos de los municipios más grandes de Quebec pueden contener en su seno la mayoría de las respuestas a sus problemas prácticos, y así disponen de muchas posibilidades distintas para hacer las cosas de un modo práctico y diferente. En lugares muy pequeños esto no es así; carecen de las capacidades, las conexiones y la diversidad.

Se refiere a que Montreal se está convirtiendo en una ciudad regional respecto a Toronto. Si Quebec fuera soberano, ¿asumiría Montreal un papel diferente dentro de Quebec?
De la misma manera que, en Europa, París, Copenhague, Estocolmo, posiblemente Fráncfort, y sin duda Berlín tuvieron un papel importante gracias a a la independencia, pues dependían de sí mismos.

¿No eran el granero de otra metrópolis?
Verá, las ciudades nunca florecen solas; tienen que comerciar con otras ciudades. Por otro lado, cuando comercian entre sí no pueden encontrarse en etapas de desarrollo demasiado distintas, y no pueden copiarse la una de la otra. Las ciudades atrasadas, las más jóvenes o las de nueva formación en regiones de abastecimiento, tienen que apoyarse mucho entre sí para su desarrollo. Esta es una de las cosas terribles

que tienen los imperios: quieren que estas ciudades comercien solo con el imperio, y esto no las ayuda en absoluto, es solo una forma de explotarlas.

¿Diría que la lógica de la relación entre Toronto y Montreal, la de la región de la Herradura Dorada y Quebec, es similar a la de un imperio?
¡Sí!

¿La forma de romper esa lógica es que Quebec sea independiente y pueda comerciar en condiciones de igualdad con Toronto? ¿Afirma también que tenemos que dejar de fantasear con que el Canadá inglés pueda establecer un bloqueo hacia Quebec como hizo Estados Unidos con Cuba, pues eso sería perjudicial para todo el mundo?
Claro que sería perjudicial. No puede establecerse una buena situación comercial sin un cierto grado de independencia. No se puede hacer de manera constructiva. En lugar de una situación en la que todos ganan —que es lo que sería una buena situación comercial—, esta se vuelve demasiado competitiva, se convierte en una situación en la que uno pierde y otro gana, o quizás incluso una situación en la que todos pierden.

¿Quiere decir si no se establece una cooperación?
En su misma esencia, una situación comercial saludable es aquella en la que todo el mundo sale ganando. Mientras que aquellos que extraen placeres e intereses de la vida únicamente en la lucha con los demás

son muy malos comerciantes. Solo quieren dominar, en lugar de buscar una manera de que todos se beneficien. Así que, en ese sentido, la globalización no es igual a como era en un pasado inocente.

¿Se debe esto a que la globalización ha llegado a implicar una dominación?
Ha ido implicando cada vez más dominación. Esto no funciona y, por tanto, el poder imperial, que ahora es Estados Unidos, se derrumba.

¿Ese es su pronóstico?
Sí.

¿Qué tipo de horizonte intuye?
El derrumbe comenzará como algo trivial… Los inversores quieren seguir haciendo lo mismo que han hecho siempre, pero en un momento dado dejará de haber la suficiente demanda para los condominios. Así se cierra un ciclo económico. Hay una cosa interesante sobre los ciclos económicos, que no existen en las economías pequeñas o atrasadas, solo en las urbanas, en las avanzadas. ¿Por qué ocurre esto? Esta es otra cosa que debería investigar en el libro que estoy preparando, *Uncover the Economy*. En este sentido, es lo mismo que el crecimiento explosivo de las ciudades. Las cosas tienen razones de ser.

La economía ortodoxa es una farsa, una broma; no tiene nada que ver con la realidad, sino con el deseo, con lo que deseamos que sea la economía. No tiene que ver con lo que vemos en la vida real, ni explica ninguno de estos misterios.

Escribió su libro *The Question of Separatism* entre 1979 y 1980. Si hoy volviera a escribirlo, ¿llegaría a las mismas conclusiones?
Sí, no porque estén en mi cabeza, sino porque así es el mundo, y así sigue siendo.

ORIGEN DE LAS ENTREVISTAS

Jane Jacobs, perturbadora de la paz
"Disturber of the Peace: Jane Jacobs", publicada originalmente en *Mademoiselle*, Nueva York, octubre de 1962.
© Condé Nast.

Así destruirá Nueva York la Westway
"How Westway Will Destroy New York", versión ampliada de la entrevista publicada originalmente en *New York*, Nueva York, 6 de febrero de 1978.
© Roberta Brandes Gratz, 1978.

La madrina de las ciudades
"Godmother of the American City", versión ampliada de la entrevista publicada originalmente en *Metropolis*, Nueva York, marzo de 2001.
© James Howard Kunstler, 2000.

La última entrevista
"The Last Interview", entrevista realizada el 5 de mayo de 2005 y publicada originalmente en Jacobs, Jane, *The Question of Separatism. Quebec and the Struggle over Sovereignty*, Baraka Books, Montreal, 2011.